Liederleute

Beiträge zur POPulären Musik

Petra Schwarz · Wilfried Bergholz

LIEDERLEUTE

28 Porträts

Lied der Zeit
Musikverlag Berlin
1989

ISBN 3-7332-0053-5

1. Auflage
© 1989 by VEB Lied der Zeit, Musikverlag, Berlin
Lizenz-Nr. 419-440/A 9/89 · LSV 8383 ·
Bestell-Nr. 521 267 2
Lektor: Sabine Tuch
Einband: Frank Schneider und Winfried Turnhofer
Gesamtgestaltung: Frank Schneider
Redaktionsschluß: Mai 1988
Printed in the German Democratic Republic
Satz: Druckerei Neues Deutschland, Berlin
Druck: Druckhaus Aufwärts, Leipzig III/18/20
Buchbinderische Weiterverarbeitung:
VOB National Buchkunst Leipzig
Schrift: 9/9/11 Holsatia, Digiset
00950

INHALTSVERZEICHNIS

VORBEMERKUNGEN

Dies ist weder ein Lexikon der Liedermacher und Chansoninterpreten unseres Landes noch eine lückenlose Darstellung all derer, die in den letzten Jahren Lieder gemacht oder gar Liedgeschichte geschrieben haben. Auch waren bedeutende Preise und Ehrungen, gar »Goldene Amigas« (wenngleich immerhin drei von zehn im Premierenjahr '88 an Liedermacher vergeben wurden!) nicht ausschlaggebend für die Auswahl der Liederleute, die wir vorstellen. Möglicherweise wird angesichts unserer Wahl dieser oder jener meinen, **ER** hätte wohl auch noch ganz gut hineingepaßt. Aber dieses Buch ist nur ein Anfang, ein erstes Angebot, das zu Recht lange erwartet wurde und längst fällig war. Man nehme also die Auswahl nicht als etwas (für alle Zeit) Festgeschriebenes; schon in der zweiten Auflage könnte sich dieser oder jener wiederfinden, wenn er sich dafür empfiehlt.

Wichtig für uns war (von persönlichen Vorlieben und Abneigungen weitestgehend unabhängig), sich deutlich voneinander unterscheidende Lieder-Sprachen vorzustellen, das jeweils Typische verschiedener Handschriften nachzuzeichnen. Wenn dabei in der Summe der einzelnen Geschichten, Erfahrungen und Ansichten ein Gesamtbild, eine Übersicht, entstanden ist, so lag dies durchaus in unserer Absicht.

Für unsere Arbeit war auch von Gewicht, inwieweit Liederleute sowohl mit ihren Liedern als auch darüber hinaus durch kreative Formen der Kommunikation unter- und miteinander die Entwicklung der Liederszene vorangebracht haben. Durch

Nachwuchsförderung zum Beispiel oder indem sie Projekte initiierten, die das Lied bei uns so produktiv (und beliebt) machten wie lange nicht.

Auf diese Weise bahnten sich in den zurückliegenden Jahren vielseitige und erstaunliche Beziehungen zu anderen Künsten an, wurde etwas gänzlich Neues in unserer kulturellen Landschaft hervorgebracht.

Um diese interessanten Vorgänge abzubilden, sind wir einer Vielzahl von Fragen nachgegangen. Woher kamen die »Gestandenen«, wie Andert, Demmler, Thalheim und Rump? Welche Wege sind sie gegangen, was bedeuteten ihnen Traditionen, die Singebewegung? Oder: Wie anders und wo setzten die »Neuen« an, wie Bischoff, Hörold oder Nowak? Wie erwarben sie ihr Handwerk, von wem konnten und können sie dabei Hilfe erwarten, welche Themen sind ihnen wichtig? Auch: Warum und wie entstanden die Differenzierungen zwischen den Liedermachern (Texter, Komponist und Interpret in einer Person), den unterschiedlichen Interpreten mit ihren Autoren, und welche anderen Ausdrucksformen werden noch genutzt – bis hin zum Lied-Theater? Schließlich: Was zeichnet die oft beschriebene hohe Authentizität der »neuen Lieder« aus? Wohin wird sich das populäre Lied entwickeln, wo lösen sich die Grenzen zwischen Lied, Rockmusik und Chanson auf? Gibt es diese »Grenzen« überhaupt noch?

Diesen Fragenkatalog könnte man beliebig erweitern. Aber die kurze Aufzählung läßt schon ahnen, daß mit oberflächlichen Jas oder Neins nicht gerechnet werden kann. Allein die Frage (die letzte an dieser Stelle), warum denn überhaupt immer wieder Lieder geschrieben und gesungen werden, neue, poetische, politische Lieder, erbrachte sehr unterschiedliche, auch gegensätzliche Antworten. Diese haben wir zusammengetragen, ergänzt durch Eindrücke von Konzerten, von Entwicklungen. Besonders die Gespräche in diesem Buch (die wir gemeinsam bestritten haben), mit ihren direkten Aussagen, können einen Einblick in das Leben und die Arbeit der Liederleute geben. Das erscheint um so reizvoller vor dem Hintergrund, daß die Auswahl Vertreter zweier Generationen umfaßt, mit sehr unterschiedlichen Erfahrungen und Prägungen. Denn so wie die Liederleute

Wandlungen zeigen, was textliche Inhalte und musikalische Um-
setzungsformen betrifft, genauso differenziert reflektieren sie
die gesellschaftliche Entwicklung dieses Landes, dem sie verbunden sind.

Wir schließen mit dem heutigen Tag die Arbeit an diesem
Buch ab, nicht ohne die Freude auf neue Lieder und neue Leute
in naher Zukunft.

Mai 1988   Petra Schwarz · Wilfried Bergholz

REINHOLD ANDERT
Keine Pralinen

Es liegt zwar an der alphabetischen Anordnung in diesem Buch, daß Reinhold Andert am Anfang steht, aber würde man nach Wichtigkeit und Kontinuität gehen, wäre er auch ein aussichtsreicher Kandidat für diesen »Spitzenplatz«. Wie kein anderer Liedermacher hat er sich über zwanzig Jahre nicht nur kompromißlos und beharrlich zu Wort gemeldet, sondern auch viele ermutigt und unterstützt, die Lieder schreiben und singen wollten.

Er selbst hat für sich einen unverwechselbaren Stil der künstlerischen Arbeit gefunden. Wer Andert schon einmal in einem Konzert erlebt hat, wird wissen, was ich meine: dieses »auf die Spitze getriebene« Understatement, das sich nicht nur im Habitus zeigt, sondern auch im kargen Gesang, der einfachen, aber wirkungsvollen Gitarrenbegleitung. Und ganz sicher war und ist diese Art des Vortrages die geeignetste, um seine Texte, seine Themen zu vermitteln. Andert hat sich immer überwiegend des sachlichen Erzählens bedient, der Darstellung besonderer Personen, markanter Ereignisse, und dabei mit scharfem Verstand gesellschaftliche Fortschritte und Hemmnisse analysiert. Die Sprache ist schnörkellos und direkt, gereimte Prosa in überschaubaren Vierzeilern:

»Wie sollen mich die Leute verstehen, wenn es nicht direkt ist? Schließlich habe ich doch Lieder geschrieben, weil ich etwas mitteilen wollte, also etwas spürte wie Sendungsbewußtsein, ausgelöst durch die Singebewegung und als Teil von mir. Die Lieder sollten politisch sein — verdeutlichen, überzeugen, aktivieren.«

Es gibt hierzulande viele, die in dieser Bewegung der Singenden, der Diskutierenden und Träumenden ihre erste aktive
Berührung mit Kunst, künstlerischer Selbsteinbringung im allgemeinen Sinne hatten. Diese Zeit war geprägt durch großen En-
thusiasmus, auch durch sehr konkrete Visionen, wie sich das

Land – seine Gesellschaftsordnung – entwickeln würde, müßte. Ich erinnere mich in diesem Zusammenhang an das beliebteste Aufsatzthema der Deutschlehrer Ende der 60er Jahre: Unser Leben im Jahr 2000. Sicher verleitet das Lesen oder Vorlesen (was nicht selten geschehen ist) derartiger Niederschriften mit einigem zeitlichen Abstand zu Heiterkeit (Details erspare ich mir), aber dringt man tiefer in die fast sicheren Erwartungen ein, so vermitteln sie noch heute eine tiefe Zuversicht und ein starkes Bekenntnis. Mit dem großen Schritt aus der Vergangenheit waren alle Blicke ganz auf die Zukunft gerichtet...

Ich erlaube mir diesen kleinen Exkurs an dieser Stelle, um die ersten Lieder, die Reinhold Andert für den Oktoberklub schrieb, für die Singebewegung überhaupt, in den Kontext ihrer Entstehungszeit zu rücken: *Wir sind die Klasse der Millionen Millionäre, Mach doch mal einen Verbess'rungsvorschlag, Der Tag der großen Arbeit* und *Vaterland.* Wer Anfang der siebziger Jahre ein wenig Gitarre spielen konnte, ein paar gleichgesinnte Freunde um sich fand, gründete fast selbstverständlich eine Singegruppe und sang eben diese Lieder. Andert selbst hat sich später einmal zu einer Episode aus jener Zeit geäußert, die mit dem *Vaterland* zu tun hatte und seiner Entwicklung zum Liedermacher:

»Ich durfte es damals nicht selbst singen. Der Oktoberklub hat gesagt: Deine Stimme reicht zum Kohlenzählen, aber nicht zum Liedersingen. Und es hat immer Jörn Fechner gesungen mit seiner schönen Stimme, das gefiel mir überhaupt nicht. Dann wurde er aber mal krank, und da haben sie gesagt: Dann mußt du es singen. Ich hatte natürlich überhaupt keine Bühnenerfahrung. Ich komm da hin und schrei die Leute plötzlich an, wie ich das so von Erich Weinert im Ohr hatte. (Aber da hab' ich vergessen, der hatte ja damals kein Mikrofon.) Mir war das erst auch furchtbar peinlich, aber das war nicht so schlimm, weil die nämlich alle auf den Text horchten, denn der Text war neuartig, aufgerauht, Alltagssprache.« (Aus einem Interview mit Erwin Burkert in: Lieder und Leute, Neues Leben, Berlin 1982)

Über Singenkönnen und Nichtsingenkönnen von Leuten, die auf der Bühne stehen, ist oft und fruchtlos debattiert worden. Mir scheint, diese Frage steht bei Andert nicht. Wenn man ihn hört, spürt man schnell, hier äußert sich ein Mann, der sehr genau überlegt hat, was er sagen, was er singen will, der auch überlegt hat, wie er seine politischen und künstlerischen Vorstellungen verwirklichen kann. Und das keineswegs nur mit »scharfem Verstand« – dialektischer Denkweise –, sondern gleichermaßen poetisch und berührend, man denke an das Lied *Treptower Park*, aber auch an das *Wildvögelein*. Dabei ist selbst seine Poesie aufgerauht, Alltagssprache…

In Anderts Jugend wies zunächst wenig auf die spätere Entwicklung zum politisch engagierten Sänger hin. Geboren 1944, wuchs er in einem katholischen Elternhaus auf, wurde geprägt durch eine konfessionelle Erziehung. Als 14jähriger besuchte er das bischöfliche Vorseminar Schöneiche als Vorbereitung auf das Priesterseminar. Eine strenge und zuweilen als bedrückend empfundene Ausbildung, die ihn 1962 veranlaßte, nach einer Neuorientierung in seinem Leben zu suchen, auch nach neuen Lebensformen. So begann Reinhold zunächst eine zweijährige Orgelbauerlehre in Gotha, die er dazu benutzte, nebenher sein Abitur nachzuholen. Dann überschlugen sich die Ereignisse förmlich. Einmal aus dem ruhigen Fahrwasser des vorgezeichneten Lebensweges getreten, geriet er nun in die wilden Strömungen der frühen sechziger Jahre. 1964 wird Andert Philosophiestudent an der Berliner Humboldt-Universität, wenig später gehört er zu den Mitbegründern des Oktoberklubs, schreibt Lieder, singt sie vor einem begeisterten Publikum in der Berliner Kongreßhalle und unter freiem Himmel:

> Hier schaff' ich selber, was ich einmal werde.
> Hier geb' ich meinem Leben einen Sinn.
> Hier hab' ich meinen Teil von dieser Erde,
> der kann so werden, wie ich selber bin.

Diese Zeilen aus dem Lied *Vaterland* erinnern sicher nicht zufällig an Sätze, die Goethe seinem Prometheus in den Mund legte. Interessant ist dabei, daß zwei Worte (unterstützt durch die Vertonung) besonderes Gewicht erhielten: hier und selber. Dazu Reinhold Andert:

»Vielleicht kann man das so sagen: Diese Singebewegung war doch die erste Selbstformulierung der Jugend, die nach

dem Krieg geboren ist. Nach fünfundvierzig geboren, war sie in den sechziger Jahren reif, 'ne Klampfe zu spielen, und das paarte sich auch mit einem neuen Selbstverständnis. In der Musik wurde alles verarbeitet, was international greifbar war und brauchbar schien. Da war diese Generation unbefangener als manche vor ihr.«

Stimulierend für Selbstformulierung und Unbefangenheit waren unbestritten die X. Weltfestspiele 1973 in Berlin; sie waren auch für Andert von besonderer Bedeutung. Ein Jahr lang war er gestreßter Organisator, bereitete Veranstaltungen mit Sängern aus aller Welt vor, brachte Bücher mit gesammelten Liedern heraus, schrieb selbst Begrüßungslieder (*Tanja, Friedenslied*). Als das große Fest vorbei war, begann für Andert eine neue Etappe seiner künstlerischen Entwicklung. Er wurde freiberuflicher Liedermacher. Es entstanden viele neue, stärker durch persönliche Erfahrungen geprägte Lieder. Weniger agitatorische Aufrufe und mehr subtile Beobachtungen aus seinem direkten gesellschaftlichen Umfeld. Ein Beispiel dafür ist *Ewald, der Vertrauensmann*, ein typisches und sehr populäres Lied in dieser Zeit. Es war verständlich, ehrlich und auch noch witzig – eine Kombination, die nicht ohne weiteres gelingt und die man nicht oft findet. Schließlich wurde *Ewald* dann von seinem Auftraggeber, dem Gewerkschaftsbund, auch eher skeptisch aufgenommen. War er doch kein kopierbares Ideal, sondern ein Mensch aus Fleisch und Blut. Ewald sammelte nicht nur Beiträge ein und verteilte Urlaubsplätze, Ewald mischte sich ein. Er sagte nicht nur Ja, er sagte auch Warum und er sagte auch Nein. Es ist immer schwer, aus *einem* Lied auf die persönliche Haltung des Liedermachers zu schließen; bei diesem dürfte jedoch die Übereinstimmung recht groß sein, auch heute noch.

»Ich schreibe nur über das, was mir Probleme macht. Darum schreibe ich weniger Liebeslieder und mehr politische Lieder. Weil es noch immer darum geht, eine menschenfreundliche Gesellschaft aufzubauen, kann ich nicht auf dem Sofa sitzen und Pralinen essen.«

Natürlich sind die früheren, sehr verbreiteten Lieder Anderts heute nicht mehr in seinem Programm. Schrittweise baut er neue Lieder ein, die sich zunehmend einer Textform bedienen, die mehr den Parabeln zuzuordnen ist. In kleinen Geschichten berichtet Andert künstlerisch überhöht von beobachteten oder möglichen Vorgängen. So etwa im *Lied vom Fahrstuhl*, einer kleinen Episode aus dem Zusammenleben der Menschen eines Wohnhauses, die viel mit dem gesellschaftlichen Leben in diesem Land zu tun hat. In einem anderen Lied erzählt Andert vom wertvollen Exportkaufmann, der zu weniger wertvoller Arbeit herangezogen wird, oder er präsentiert das *Märchen von der Rohstoffkrise*. Diese Lieder entstanden in den frühen 80er Jahren und bestimmten in dieser Zeit wesentlich Anderts seltener gewordene Auftritte. Damals beschäftigte er sich (neben anderen schriftstellerischen Arbeiten) in erster Linie mit der Nachdichtung von Wyssotzki-Texten, die lange Zeit als nicht oder schwer übertragbar galten. Diese Nachdichtungen wurden die Grundlage für eine Reihe von Wyssotzki-Programmen jüngerer Interpreten (Bernd Lange und Tobias Morgenstern oder Gruppe Wildemann) und erschienen 1988 im Aufbau-Verlag Berlin. Doch auch ganz neue, eigene Lieder stellte Reinhold Andert im gleichen Jahr erstmals wieder vor, so *Vier Jahreszeiten* (nach Karl Valentin), *Mein neuer Globus* und ein Lied, das sich mit den Problemen der Landjugend beschäftigt. Mein Eindruck nach diesem neuen Programm: Andert hat sich zurückgemeldet! Nicht in Form einer Retrospektive, sondern immer noch mit dem Anspruch, zu verdeutlichen, zu überzeugen, zu aktivieren.

W. B.

Reinhold Andert

Der vorletzte Gang des Thomas Münzer

Es war im Mai, da wurde er gefangen
auch gegen die Gesetze der Natur
ich bin den Weg noch mal zu Fuß gegangen
den er vor ein paar hundert Jahren fuhr.

Das Auto ließ ich vor dem Tore draußen
am Fuß des Schlachtbergs, dem Gethsemane
und trank, bevor ich ging, in Frankenhausen
in dieser Milchbar eine Tasse Tee.

Was ich von ihm weiß, habe ich gelesen
doch weiß ich nicht, ob das auch alles stimmt
daß dieser Weg sein übelster gewesen
weiß jeder, der ihn einmal unternimmt.

Es war im Mai, gebunden auf ein' Leiterwagen
so führten ihn die Knechte aus der Stadt
ich ging ihm hinterher mit meinen Fragen
obwohl er davon heute nichts mehr hat.

War das denn nötig, die Bibel zu verdrehen
daß da nur rauskommt, was dem Armen frommt
man kann das doch auch dialektisch sehen
daß so ein Armer leichter in den Himmel kommt.

Dein Freund, der Martin, steht doch auch in Ehren
weil er das Wort in Worte übersetzt
und nicht, um seinen schnöden Ruhm zu mehren
gegen führende Persönlichkeiten hetzt.

Wars gut, so eng sich mit dem Volke zu verbünden
Aufruhr zu planen gegen geltend Recht

anstatt die Nonnen freizusprechen von den Sünden
mein Gott, die Arbeit war doch auch nicht schlecht.

Verkleidet hast du dich in Bauernleinen
um abzuschaffen Steuern, Zehnt und Fron
nun prangt dein Bild auf unsern kleinsten Scheinen
das hast du nun von deiner Rebellion.

Was mußtest du auch deiner Zeit vorgreifen
anstatt zu warten auf die rechte Frist
bis deine Fürsten selbst zu Bauern reifen
du wärst auch heute noch ein Anarchist.

(1980)

Reinhold Andert
Wildvögelein

Es saß ein wildes Vögelein
in einem kleinen Gitter
Es sang nicht tags, es sang nicht nachts
sein Schweigen macht mich bitter.

So sing mir doch, Wildvögelein
gab Saufen dir und Fressen
ein Wetzstein für den Schnabel und
ein Spieglein fürs Vergessen.

Behalt dein Stein, dein Spiegelein
du kannst mich nimmer zwingen
Wer nie als Vogel fliegen darf
der wird auch niemals singen.

So flieg hinaus, mein Vögelein
rechts fressen dich die Katzen
und links, dein buntes Federkleid
zerfetzen dir die Spatzen.

So bleib bei mir, mein Vögelein
ich träum uns einen Bauer

der Raum genug zum Fliegen hat
zum Singen und zur Trauer.

(1980)

Reinhold Andert
Unser Dorf

Viele Höfe stehn öde, verlassen,
so mancher hatte das Dorfleben satt,
versuchte, dort in der Stadt Fuß zu fassen,
was ist denn anders, dort in der Stadt…

Strenger ist es bei uns auf dem Lande,
viel Arbeit und selten ein gütiges Wort,
doch jeder kennt jeden, man kommt schon zu Rande.
Niemand verhungert, warum also fort…

Kein Maibaum, kein Tanz, kein Wettsaufen heuer,
kein Mädchenschrei – laß mich in Ruhe, du Bock.
Niemand springt über Johannisfeuer,
der Wirtin greift keiner mehr unter den Rock.

Geblieben nur Alte, Keusche und Brave,
der Schultheiß, der Pfarrer, Steuern und Fron,
wir lassen uns scheren, geduldige Schafe,
nur manchmal, ja manchmal möchte man schon…

Im Stall schreit das Vieh, der Acker braucht Samen,
immer nur rackern und beten um Glück,
noch stehen an manchen Häusern die Namen,
vielleicht kommt der ein oder andre zurück.

(1988)

WERNER BERNREUTHER
Umwege abkürzen

Er ist sie gegangen, die Umwege, bevor er vor gut zehn Jahren seine Lieder erstmals öffentlich und das Liederschreiben und -singen für sich zum Beruf gemacht hat. Heute gibt er darüber hinaus die nicht selten hart erkämpften Erfahrungen seit längerer Zeit weiter, ist für junge Liedermacher Berater und Lehrer. »Wenn es sich machen läßt, will ich Umwege abkürzen. Manchmal bin ich aber auch gespalten dabei, weil ich das Gefühl habe, daß man zuviel hilft. Wenn es ernst wird, sind die jungen Leute dann nicht stabil genug, weil sie sich vieles nicht selbst erkämpft haben. Das ist ein Punkt, über den ich nachdenke. Auch, weil ich strenger in den Maßstäben werde. Mit der Wahrheit hilft man mehr, als wenn man immer nur streichelt.« Das weiß Bernreuther überzeugend zu sagen, nach gut 20 Jahren »auf den Brettern,...«.

Abgesehen vom Kindergartentheater und vom Schulchor hat es bei dem heute immerhin auf die Fünfzig zugehenden Thüringer in der Sonneberger Arbeiter-Operette angefangen. »Wer Musik hören wollte, mußte sie machen. Denn das waren andere Zeiten damals, ohne Fernseher und moderne Tontechnik.« Aus jener Zeit muß sein Drang, sich zu produzieren, stammen. Auf der Bühne – und nicht nur dort – geht seine Aktivität mit großer Ruhe einher. Überhaupt gibt es von dem Mann mit Vollbart, der immer freundlich, manchmal gar schüchtern wirkt und meist ernst und nachdenklich ist, kaum Spektakuläres zu berichten. Auch Bernreuthers Lieder haben nichts Aufsehenerregendes. »Warum auch«, sagt er. »Wesentlich ist, daß ich die grundlegende Erfahrung Krieg und Nachkriegszeit habe. Daher rührt es wohl auch, daß meine Lieder alle nicht so lustig sind. Es sind fast ausschließlich Friedenslieder, wofür ich versuche, Wörter zu finden, die noch nicht inflationiert sind.«

Werner Bernreuther beschreibt Zustände, Gefühle, Erregungen und ist einer, der Betroffenheit und Rührung zeigt. Ganz bewußt. Das hat ihm wohl den Ruf eingebracht, er sei Moralist. Wie immer man dieserart künstlerische Artikulation bezeichnet – er öffnet sich, gibt vieles von sich preis.

So wie er das tut, macht er es greifbar, annehmbar für eine bestimmte Gruppe von Leuten. »Mein Publikum ist grundsätzlich über achtzehn, weil meine Themen nicht die von Achtzehnjährigen sind. Logisch, ich bin Jahrgang 41. In meinem Alter sollte man sich gefunden haben; und nun gibt es die Möglichkeit, mich anzunehmen oder nicht.«

Bernreuther benutzt die Sprache seiner heimatlichen Gefilde, das Fränkische. »Ich nehme die Mentalität der Leute her, die sich über den Dialekt vermittelt. Damit kommt Soziales in die Texte. Mit dem Fränkischen schaffe ich das, ohne es noch einmal umschreiben zu müssen. *'s Kindla weint* beispielsweise geht hochdeutsch nicht. Im Fränkischen aber funktioniert der Text.« Dieser erste Dialekt-Text entstand 1980. Damals war Bernreuther Student am Literaturinstitut »Johannes R. Becher« in Leipzig, Konsequenz des 1977 bei den 4. Tagen des Chansons in Frankfurt/Oder an ihn verliehenen Preises des Schriftstellerverbandes. »Diese Auszeichnung ermutigte mich, die Lieder mehr in das Zentrum meiner Arbeit zu rücken.«

Lieder zu machen, damit hatte Bernreuther Anfang der 70er begonnen. Nebenbei, denn in diese Zeit fällt auch sein Engagement als Schauspieler am Theater, unter anderem in Freiberg und Gera. Und das nach fast einem Jahrzehnt Elektriker-Dasein in Sonneberg und einem Studium an der Leipziger Theaterhochschule. »Provinztheater« war es nicht, was ihm unter beruflicher, das heißt künstlerischer Erfüllung vorschwebte. So der Versuch, in Gera anderes auszuprobieren. »Damals habe ich auch Kabarett gemacht. Aber wir waren 'ne richtige Tingeltruppe mit Pointenzwang, möglichst vom Gürtel abwärts. Allein als Interpret war ich gefragt, wenn kein Klavier da war. Mit den ersten Erfahrungen dieser Zeit habe ich dann darüber nachgedacht, wie denn Lieder eigentlich aussehen müssen.«

Inzwischen schreibt der freischaffende Autor Bernreuther, immer noch als Kandidat des Schriftstellerverbandes, Szenarien, Gedichte, Prosa und Kindergeschichten – bisher allerdings größtenteils unveröffentlicht. Ein Opernlibretto wartet darauf, vertont zu werden, und noch vieles andere ist in Arbeit. »Dabei habe ich nicht die Absicht, mich auf eine bestimmte Form zu beschränken, weil der Inhalt seine Form ganz von selbst bestimmt. Mal wird es eine Ballade oder ein kurzes Gedicht. Manchmal ein Aphorismus oder eben ein Theaterstück. Diese Spanne ist drin.« Eine durchaus interessante Formenvielfalt; sie allein aber hat Bernreuther noch nicht dazu verholfen, seinem derzeit mit viel Fleiß angesteuerten Ziel näherzukommen, in die – am liebsten Berliner – Theaterszene einzusteigen.

»Wenngleich es zunehmend Dinge gibt, die nicht mehr ins Lied reinpassen, ist das Liederschreiben und -singen nach wie vor wichtig für mich. Lieder sind eine Möglichkeit der Kommunikation. Es schluckt sich manches besser durchs Lied«, meint er und tröstet sich selbst damit vielleicht ein bißchen. Mit seinen *Landläufigen Gesängen* und der Gitarre macht Bernreuther (als Liedermacher im »klassischen« Sinne) eher schlichte musikalische Angebote. Er kommt vom Volkslied mit einfachen Strukturen, und seine Ambitionen liegen unverkennbar beim Text. Bulat Okudshawa, dessen Lieder Bernreuther zum Teil nachgedichtet hat, ist ihm Vorbild – ein verständlicher, wenngleich nicht zu unterschätzender Anspruch.

Das Nachdenken über das Liedermachen dehnt Werner Bernreuther, wie anfangs angedeutet, auch ganz intensiv auf nachwachsende Liedermacher-Generationen aus. Denn er ist seit 1985 als Mitglied der Leitung der Sektion Chanson/Liedermacher beim Komitee für Unterhaltungskunst mit dem Amt des Stellvertreters für Aus- und Weiterbildung ausgestattet. Da er einer der »Alten« ist, die sich seit längerem um den Nachwuchs kümmern, beispielsweise in Veranstaltungen im Leipziger Chansoncafé oder als Schauspiel- und Interpretationslehrer für Gesangsstudenten in der Abteilung Tanz- und Unterhaltungsmusik an der Leipziger Musikhochschule, stand ein solcher »Posten«

ins Haus. Zumal er irgendwann einmal alles, was er über die
Lage und den Stand der Ausbildungsmöglichkeiten in der Lie-
dermacherszene wußte, aufgeschrieben hatte. Daraus, also aus
einem realen Bedürfnis, und auf dem Boden inzwischen ge-
schaffener Voraussetzungen entstand ein Lehrgang der Gene-

raldirektion beim Komitee für Unterhaltungskunst, der jungen Liedermachern die Möglichkeit eröffnete, nach zweijähriger kontinuierlicher, theoretischer und künstlerisch-praktischer Ausbildung eine Zulassung zu bekommen und (im günstigsten Fall) professionell zu arbeiten.

»Inzwischen gibt es Dinge, die man in Sachen Ausbildung und Förderung besser weiß. Die Aufnahmebedingungen werden auf alle Fälle härter sein. Denn oft klaffen Anspruch der jungen Leute und Ergebnisse weit auseinander.« Warum er dieses aufwendige »Unternehmen« betreibt? »Erfahrungen sind nur die Hälfte wert, wenn man sie nicht weitergibt.«

P. S.

Werner Bernreuther

ich brauch auch die trauer zum fröhlichsein

ich brauch auch die trauer zum fröhlichsein
sonst würd ich ja himmelhoch fliegen
und wär wie die lerche da oben allein
vom habicht ganz leicht zu besiegen

im dunkel der nacht erst tröstet ein licht
in der ruhe endet der sturm
wenns mir auf den wegen an größe gebricht
dann steig ich mal auf einen turm

da hab ich die höhe aus eigener kraft
und weitblick und sehnsucht nach unten
wo ich untern füßen den boden dann spür
als hätt ich nach hause gefunden

die weite wird erst durch die grenzen markiert
am schönsten ist land das ins meer flieht
zwei ufer sind da wo man brücken passiert
auf denen man vor sich selbst flieht

ein wort wär da nötig das einen festhält
nicht richtet nur einfach die hand gibt
damit man am end von der brücke nicht fällt
sondern fest mit dem auge auf land sieht

die wiese da drüben am ufer ist schön
die wie eine frau dich erwartet
da müssen die füße von selber hingehn
daß ein ziel ist wenn man wo startet

im weltenraum schwebt unsre erdkugel schön
ein luftballon kann so leicht platzen
mit luftballons muß man sehr sorgsam umgehn
nicht schießen nicht stechen noch kratzen

mit steinen wirft nicht wer in glashäusern sitzt
und sei er sich selber zuwider
man weiß daß im glashaus ein stein gar nichts nützt
drum legt man ihn irgendwann nieder

der blaue planet ist der einzige ort
für trauer und das macht ihn wichtig
damit auch das lachen die tiefe bekommt
denn dann ist das lachen erst richtig

ich brauch auch die trauer zum fröhlichsein
sonst würd ich ja himmelhoch fliegen
und wär wie die lerche da oben allein
vom habicht ganz leicht zu besiegen

(1985)

Werner Bernreuther

noch steht doch es haus

noch steht doch es haus unn im garten
blühts unn vögel sinn da
unn 's viechzeuch sinn so viele arten
unn die leut die lebn deva
unn 's frühjohr unn nacherts die ernte
's iss alles an seiner stell
unn inn winter wirds under die bäume
ruhig unn aa richtig hell

        doch irchendwu nich zu erreichn

stehn solcha raketn im wald
die gehn wenn sa gehn über leichn
unn machn uns heiß unn dann kalt

noch kichern die büsch von de schmuserei
die mädla sinn mollig unn warm
legn 's lebn unn die brust in die hand dir nei
unn schmiechn sich fest ann arm
unn wolln immer noch aa es weißa kleid
unn ann maa unn es drümm unn es dran
unn wenns ihna nachts in die bettn schneit
fang ' sa wuannersch noch amol an

doch irchendwu nich zu erreichn
stehn solcha raketn im wald
die gehn wenn sa gehn über leichn
unn machn uns heiß unn dann kalt

noch gibts aufn hof a geschreie
die kinner spieln sich da müd
unn frassn dann abends für dreie
eh 's ihna die augn zuzieht
noch sinn mir so dicht an ann friedn
daß jeder fast denkt er wär da
unn die angst wird ängstlich gemiedn
mer redd lieber nich erscht deva

doch irchendwu nich zu erreichn
stehn solcha raketn im wald
die gehn…

(1982)

NORBERT BISCHOFF
Leben ist wie Sinuskurven

Leben ist wie Sinuskurven
mal gehts runter, mal gehts rauf
ohne Wenn und ohne Aber
wär das Gehn ein Dauerlauf

Komm, wir üben anders denken
suchen Licht, wie ein Gewächs
wo sich unsre Wege kreuzen
von der Arbeit bis zum Sex

Halt mich fest und laß mich treiben
hilf und tritt mir in den Arsch
Leben ist wie Sinuskurven
WienerWalzerPreußenmarsch

Diese Verse aus einem seiner neuesten Lieder scheinen mir recht genau seine Person, seine beständige Suche nach künstlerischer Bestätigung zu beschreiben. Eine Suche, die nicht nur eine Vielzahl bemerkenswerter Lieder hervorbrachte, sondern auch ihm selbst zu neuen Einsichten, zu größerer Ausstrahlung verhalf.

Wer ist Norbert Bischoff? Ein junger Mann, Jahrgang 59, der sich in verhältnismäßig kurzer Zeit einen Namen unter den Liederleuten gemacht hat. Begonnen hat diese Entwicklung, wie bei anderen Autoren-Sängern auch, mit dem Erwachsenwerden, mit dem genaueren Sich-Umsehen in der Welt. Durch Konflikte, die sich mit überlieferten Weisheiten allein nicht lösen ließen.

Die daraus resultierende Ratlosigkeit ist keineswegs ein unlösbares Problem, und nicht selten findet sie ihren Ausdruck (ihre Bewältigung) in Tagebüchern, lyrischen Versuchen oder eben in Liedern. Alles in dieser Situation Gedachte und Geschriebene ist motiviert durch das Streben nach eigenen Positionen und Lebensinhalten und kann sich bei entsprechender Persönlichkeit, bei Talent, Ehrgeiz und günstigen Umständen zu allgemeingültigen, für andere nutzbaren Aussagen aufschwingen.

Bischoff war in Leipzig, wo er nach dem frühen Tod der Mutter bei seinem Bruder aufwuchs, schon Mitglied verschiedener Singegruppen, so der damals relativ bekannten SONGGRUPPE LEIPZIG. Aber dies trug nur unwesentlich zur kritischen Auseinandersetzung mit eigenen Ansprüchen bei. Ihm fehlte der konstruktive Streit mit Freunden. Als er sie später in Berlin fand, zu finden glaubte, zog er kurzerhand um. Das war 1980. Auch hier arbeitete er zunächst in seinem erlernten Beruf als Fachverkäufer für Werkzeuge und Eisenwaren. Aber das Liederschreiben wurde immer wichtiger für ihn, Ermutigungen und Anregungen aus dem unmittelbaren sozialen Umfeld führten bald zu den ersten kleinen Konzerten.

Ich sah Norbert Bischoff das erste Mal im Oktober 1984 in einem winzigen Klub bei mir um die Ecke. Damals war er noch Amateur, dabei voller Ideen und beseelt von dem Wunsch, sich ganz und mit ganzer Kraft dem Schreiben und Singen zuzuwenden. Wenig später gab er den Beruf auf, wurde stundenweise Pfleger bei der Volkssolidarität. Heinz Werner kümmerte sich damals um seine Gesangsausbildung. Endlich war genügend Zeit da für das Eigentliche. Und bald darauf machte mich in der Stadt ein Plakat auf sein erstes Programm aufmerksam – sein Titel: *Verrückt danach zu leben.* Und wer dieses erste Programm mit offenen Ohren hörte, konnte sich einfach der Vitalität, den hervorsprudelnden Gedanken des Sängers nicht entziehen. Hier brach sich ohne Rücksichten, ohne schicke Schminke eine Kraft Bahn, die lange Zeit hinter einer Mauer gestaut worden war. Auch wenn das Handwerkliche nicht allen Anforderungen gleich entsprach, die Kraft, die Ehrlichkeit waren es, die den Ausschlag gaben.

Norbert Bischoff: »Der wichtigste Maßstab für die Erarbeitung eines Programms ist für mich die Authentizität. Das schließt selbstverständlich die Benennung eigener Erfahrungen ein, aber auch das Infragestellen eigener Ansichten und Normen. Gerade die eingeschliffenen Normen sind es, die unser Zusammenleben bestimmen; die so eingeschliffen sind, daß wir aufgehört haben, darüber nachzudenken. Aber über das Nachdenken, das neue Nach-Denken, muß jeder seine Norm finden, nicht länger anderen, fremden hinterherlaufen.«

Bischoff ist immer bestrebt, bei seinen Liedern über die realen Fakten und Personen hinaus, die jeweils eine Rolle spielen, das Gefühl des Publikums anzusprechen. Nicht über die Tränendrüsen, nicht über blumige Bilder und Vergleiche. Das Gefühl stellt sich weniger durch die Lieder ein, als durch den Interpreten selbst, der sich ganz offen zeigt. Betroffen, vergnügt, verängstigt, müde, voller Hoffnung. Aber alles ohne Pathos und ohne die vielfach üblichen Reizwörter. Besonders die Tatsache, daß er sich thematisch immer wieder den sogenannten Randgruppen (Bischoff: »...und der größten Randgruppe, den Frauen«) zuwendet, erlaubt es ihm, sehr sensibel auf gesellschaftliche Vorgänge und Veränderungen einzugehen. *Malina* und *Nine* stehen recht typisch für die künstlerische Darstellung von »Realpersonen«, deren Leben weitaus mehr symbolisiert als das individuelle Schicksal. Nicht zu vergessen die *Ballade von Paul*. Dies ist ein bei uns seltenes und beeindruckendes Lied über Homosexualität.

Seine Lieder hat Norbert Bischoff in den letzten Jahren zu unterschiedlichen Programmen zusammengestellt. *Leben im Prenzlauer Berg* hieß eins, ein anderes *Lieder und Briefe*. Zwischenzeitlich arbeitete er gemeinsam mit einer Punkband, 1986/87 mit Maike Nowak. Gerade dieses Programm *(No Mai, lieber April)*, das sich durch, mitunter grelle, szenische Spielformen auszeichnete, kam seinen eigenen Vorstellungen sehr nahe, hat ihn (wie er selbst sagt) weitergebracht. Sicher trug zur Entwicklung auch der Liedermacher-Lehrgang beim Komitee für Unterhaltungskunst bei, den er 1987 mit Erfolg abschloß – als Liedermacher mit Berufsausweis.

Heute, vier Jahre nach seinen ersten Konzerten, sind die Auftritte immer noch kraftvoll und gefühlsstark. Aber er wirkt gereifter, setzt seine künstlerischen Mittel bewußter ein, arbeitet exakter an Übergängen und Programmaufbau. Sehr genau konzipiert sind seine nächsten Projekte, etwa das Soloprogramm *Unperfekt ein Deutscher ein Mann ein Mensch* mit Szenen, Texten und Liedern oder *Ausgerechnet Offenbach*, das einen »ganz

neuen« Bischoff erwarten läßt. Im Mittelpunkt stehen hier Operetten-Texte Offenbachs (von Meilhac, Halévy u. a.), die Karl Kraus in den zwanziger Jahren nicht nur neu übersetzt, sondern auch in zahlreichen Lesungen, inklusive Gesangsversuchen, vorgetragen hatte. Bischoff greift diese veränderte »Lesart« der Operette auf, begreift sie als »politische Revue«, die in Zusammenarbeit mit der Regisseurin Heide Schwochow und Gastmusikern inszeniert werden soll.

Besonders bei der Erarbeitung gestalteter Programme zu einer bestimmten, eingegrenzten Thematik sieht Norbert Bischoff für sich in der Zukunft noch Möglichkeiten, die eigene Arbeit zu verbessern, den eigenen Ansprüchen mehr gerecht zu werden. Nicht mit einer kleinen, sondern mit einer möglichst großen Amplitude.

W. B.

Norbert Bischoff

Ballade von Paul *(Er will nicht, was er will)*

Paul steht oft vor dem Spiegel,
da gibt er sich ganz ungeniert,
befühlt mit der Hand seinen Körper
und spürt, daß da etwas passiert.
Er weiß lange, was das bedeutet,
steht kopf nun mit seiner Moral.
Was nützen ihm schon ein paar Bücher,
die sagen, das sei ganz normal.
Ihm wird heiß, wenn er hört,
wie die Leute so reden,
wenn ein Mann einen Mann liebt.
Und damit keiner ahnt,
was er selbst noch nicht glaubt,
schreit er mit ihnen laut:
Gerbt den Brüdern die Haut!

    Nein, er will nicht, was er will,
    denn die Angst hat es ihm beigebracht
    zu verschweigen. Was nicht sein darf, soll nicht sein!
    Doch die heimliche Lust bleibt ihm gnadenlos treu.

Manchmal geht Paul in die Kneipe,
da trifft er paar Kumpel beim Bier,
die reden frivol von den Mädchen,
die werden im Suff zum Satyr.
Paul will nicht abseits stehen,
darum lügt er Geschichten herbei,
träumt von den sinnlichsten Dingen,
doch reden allein macht nicht frei.
Wie oft hat er versucht,
sich in Täuschung zu üben,
eine Frau zu verführen,
und hat sich dann am End
jedesmal nur blamiert,
denn sein Fleisch war blockiert
und sein Denken diktiert.

Nein, er will nicht, was er will …

Nur einmal, da wollte er's wissen
und ging zu dem Platz, wo bei Nacht
verrufene Schatten spazieren,
suchend, auf Liebe bedacht.
Und einer war da, der ihn fragte,
ob er Lust hätte, mit ihm zu gehn.
Da wurde er weich und entschlossen
und ließ seine Träume geschehn.
Für Minuten vergaß er den Krampf seiner Zweifel
und war nur noch er selber.
Aber kaum wars vorbei,
fing der Selbsthaß ihn ein,
und er schwor insgeheim,
sich das nie zu verzeihn.
Nein!

Er will nicht, was er will …

(1984)

Norbert Bischoff

Ich will noch nicht ins Paradies

Ich will kein blindes Huhn in Gottes Garten Eden sein
ich will kein Morgenrot aus lauter bunter Knete, nein
auch keinen Fortschritt, der mit Hallelujah untergeht
und keine Lügensicherheit, die alles an die Leine legt

Ich will kein braver Clown in einem müden Zirkus sein
ich will kein Lilalicht als Wunderplundertünche, nein
auch keine Egosprüche, die wie Platzpatronen knalln
und keinen Schokoladenmaulkorb, wenn die Masken falln

Ich will kein fetter Arsch in einer toten Hose sein
ich will kein Immerblau mit Saubermannidylle, nein
auch keine Herrlichkeit, die ihren Großkotz nötig hat
und keinen Treuekäfig, wo die Liebe Männchen macht

Ich will kein Bürgerschreck in Kaisers neuen Kleidern sein
ich will kein Edelschwarz als Avantgardeausweis, nein
auch keine Ideale, die wie Pustekuchen sind
und keinen Feierabendfrieden, den der Sandmann bringt

Ich will doch nicht ins Paradies
und wär das Leben noch so mies
auch wenn ich mich schon gehen ließ
ich will noch nicht ins Paradies

(1987)

Norbert Bischoff

Sind wir noch zu retten

(für Hubert)

Sind wir wirklich noch zu retten
oder alles längst gewohnt
leb'n wir schon im siebten Himmel
oder etwa hinterm Mond

Sind wir auf dem graden Wege
oder auf der schiefen Bahn
tanzen wir noch aus der Reihe
oder schon auf dem Vulkan

Ach, was sind wir doch genial
in diesem Jubeljammertal
wir pfeifen auf dem letzten Loch
doch wir leben immer noch

Bauen wir noch auf die Zukunft
oder auf die Polizei
hörn wir noch auf die Signale
oder auf den letzten Schrei

Hab'n wir noch was auf dem Kasten
oder nur 'n Brett vorm Kopf
häng'n wir noch an unserm Leben
oder schon am Wohlstandstropf

Ach, was sind wir doch genial…

Sind wir wirklich noch zu retten
oder tun wir so als ob
hab'n wir Spaß bei unsrer Arbeit
oder hab'n wir nur 'n Job

Halten wir uns an die Linie
oder gehn wir auf den Strich
Könn' wir noch aus uns was machen
oder jeder nur für sich

Ach, was sind wir doch genial…

(1988)

CIRCUS LILA
Teilen macht Spaß

GÖRNANDT & RÖNNEFARTH stand auf dem »Liederschoppen«-Plakat im August 1981 – erster öffentlicher Auftritt in Berlin! Auch Jürgen Walter war, da die Veranstalter ihre Erfahrungen hatten, geladen – als »Notnagel« sozusagen. Aber alles lief völlig »unplanmäßig«, der gestandene Lieder-Mann konnte an diesem Abend seine Stimme schonen, verblieb im erstaunten Publikum und unterhielt sich köstlich.

Ein paar Monate später erspielten sich die Szenen-Neulinge bei den 6. Tagen des Chansons in Frankfurt/Oder einen der begehrtesten Preise unseres nationalen Liederleute-Treffens. Die Folge: Produktion einer LP bei AMIGA, die dann im Sommer 1982 vorlag. Der programmatische Titel ist *Frag mich Fragen*, mit Liedern, denen es »um finden, erkennen, helfen geht, um lachen, trösten, stille sein, um aufschließen – aufschließen und gegenseitig vertrauen«.

Heute, etliche Jahre und vor allem diverse Programme danach, wollen sie nichts anderes. Längst sind sie zu dritt und haben sich – »nachdem wir eine Zeitlang immer 'rumgefaselt haben, wir sind das größte Duo der DDR« – nach ihrem '83er Programm CIRCUS LILA genannt. Der war zunächst ausschließlich für »Kinder und Kinderinnen« gedacht und gemacht, erwies sich aber generell als tragbare Idee und wurde Konzept. »Der Zirkus ist eigentlich eine strenge, aber vielfältige und wohl nicht zu erschöpfende Form. Als Grundverabredung ist er für uns gut geeignet, sowohl für Kinder als auch für Erwachsene. Auch, weil wir schon immer mit optischen Reizen arbeiten und inszenieren wollten.« Circus lila kommt ohne Chapiteau und Manege, verzichtet aber nicht auf selbstgefertigte, herrliche Kostüme, Masken und Requisiten. Ihre Instrumente sind Piano, Geige, Gitarre und alles, was Geräusche macht. So erzählen sie ihre Geschichten in Liedern, die drei vom Circus lila.

Matthias Görnandt, Jahrgang 1952, Zirkusdirektor und Sänger, hat schon immer (!) Texte geschrieben, aber nie jemanden gefunden, der sie singen konnte. Bis zu dem Moment, da er es selbst versucht hat — und seitdem tut er so, als hätte er eine Stimme zum Singen. Gisela Steineckert, eine Frau, die von ihm überzeugt ist, große Verantwortung an ihn weitergegeben hat und die es sich als Kollegin leisten kann, solches zu äußern, hat das einmal sinngemäß gesagt. Görnandt ist gelernter Autoschlosser, hat Anfang der 70er Jahre ein Theologie-Studium nach sechs Semestern abgebrochen und ist inzwischen ein als Autodidakt in den Verband Bildender Künstler aufgenommener Maler und Graphiker. Trotzdem hört man von und mit ihm immer aufs neue Lieder, denn »es gibt Dinge, die kann ich nicht malen, die muß ich sagen oder singen«.

Bernd Rönnefarth, auch Jahrgang 1952, ist Diplomchemiker, war vor seiner »Anstellung« im Circus an einem Institut der Akademie der Wissenschaften in Jena und hat — genau wie Görnandt schon immer (!) — Musik gemacht. Er ist auf der Geige »klassisch« ausgebildet, hat unter anderem mit Kommilitonen in der Gruppe item aliter auf der Bühne gestanden und ist noch heute stark beeinflußt vom Beat der 60er Jahre, von »dieser schöpferischen und ursprünglichen Musik«. Neuerdings ist er mit dem Mund vorneweg — eine Art Vocalisen-Künstler — und entpuppt sich als Erzkomödiant.

Johannes Schlecht, Jahrgang 1948, dessen Einstieg sofort nach Frankfurt/Oder '81 zu besagtem »größten Duo der DDR« führte, kommt aus der Unterhaltungskunst. Er war Komponist und Begleiter der Ende der 70er Jahre recht populären Caufner-Schwestern. Die in diesem Bereich gesammelten und vor allem auch seine Ragtime-Erfahrungen hat der Diplomtheologe und an der Weimarer Musikhochschule ausgebildete Pianist in den Circus mit- und eingebracht. Darüber hinaus hat auch er ein ausgesprochenes Komiker-Talent, ohne das wohl selbst der kleinste

Zirkus kaum richtig losgeht. Und überhaupt ist er für alles zur Verantwortung zu ziehen, denn er hat Görnandt & Rönnefarth auf die Idee gebracht und ermutigt, sich irgendwann einmal Fachleuten vorzustellen, und dann kam Frankfurt/Oder...

Sofort eingehakt haben sich ihre Lieder damals auch wegen ihrer besonderen »Sprache«. Die drei gebürtigen Thüringer haben eine »Querschnittsmundart« kreiert, eine Singsprache, »zusammengewürfelt aus den Mundarten des Thüringer Beckens«, die »mundig« ist, wie Görnandt sagt. Anfang der 80er Jahre war das für unsere Lied-Szene neu, somit ungewöhnlich und interessant, zumal »bestimmte Dinge besser oder manchmal gar nur in der Mundart auszudrücken und verständlich sind«. Wenn das zutrifft, findet man auch jetzt Mundart-Lieder in den LILA-Programmen. Ansonsten begreifen es die bis vor kurzem oder noch in Thüringen ansässigen Görnandt, Rönnefarth und Schlecht als Koketterie, auch wenn das Berliner Publikum immer wieder darauf abfährt. Was wiederum vielleicht daran liegt, daß den Preußen »derartige archetypische Reflexionen über das Land und den Tod, den Morgen und den Abend aus einer ländlichen Sicht« fehlen.

Lieder, die sich gewaschen haben und *Blätter, Blätter – eine lauschige Show* – so nannten Görnandt & Rönnefarth die Programme, bevor ihr Circus LILA geboren wurde. Womit einmal mehr Frankfurt/Oder ins Gerede kommt und eine inzwischen fast legendäre '83er Eröffnungsveranstaltung, die gleich mehrere der wichtigsten Preise für sie und ihren *Liedercircus* mit verschiedenen Interpreten brachte. »Das waren zwei Stunden zum Lachen, zum Weinen und zum Denken. Voll der bunten Überraschungen blieb alles beim Lied, führte alles wieder zum Lied. Da war Platz für leise Gedichte und die Blasmusik sowjetischer Freunde«, schreibt, diesmal ganz euphorisch, die anfangs schon einmal beim Wort genommene und bis dato Vorsitzende des Arbeitskreises Chanson/Liedermacher beim Komitee für Unterhaltungskunst Gisela Steineckert. Weder Fachleute noch Kollegen konnten sich der Wirkung dieses Abends entziehen, und einhellige Zustimmung will in diesen Kreisen etwas heißen! Ein gelungenes Ganzes war zu erleben, mit viel Spaß, voll von Bedeutung(en) und zum Schmunzeln Anregendem. Und das Be-

ste, was passieren konnte: Es hatte seine Nachwirkungen. Die
Liedercircus-Inszenierung ging 1984 auf Tournee, und drei weitere Auflagen – im Frühjahr '85, '86 und eine weniger gelungene
im Jahre '88 – mit jeweils fast fünfzig Veranstaltungen in einem
Monat (!) zogen Tausende Liederfreunde in Kinos, Theater und

sonstige Säle in der ganzen Republik. Rundfunk und Schallplatte waren dabei, und selbst das Fernsehen reservierte zumindest '86 einen Samstagabend im Ersten für dieses Ereignis. Faszinierend war, wie auf der Bühne (und nachfolgend oft auch »im Leben«, wie man hört) jeder für den anderen da war, sich für dessen Art, Lieder zu machen, interessierte und auch jeder Musiker Spaß daran hatte, einen Liedermacher oder eine Chansonsängerin zu begleiten, mit dem oder mit der er ansonsten nichts zu schaffen hat. Eine Augen- und Ohrenweide, wie in der Regie des Circus lila miteinander etwas entstand, das dem insbesondere diesem Genre nicht selten vorgeworfenen Individualisten-Dasein Möglichkeiten gab, Animositäten abzubauen – und noch dazu in aller Öffentlichkeit! Natürlich ging das nicht ohne Probleme und Streit, war aber gewinnbringend für die Mitwirkenden Barbara Thalheim, Angelika Neutschel, Gerhard Schöne, Annekathrin Bürger, Joachim Piatkowski/Wolfgang Rieck, Wolfgang Protze, Kurt Demmler, Pension Volkmann, Tobias Klug, Susanne Grütz/Hubertus Schmidt, Werner Bernreuther, Jürgen Eger, Detlef Hörold, Maike Nowak, Gerlinde Kempendorff und Band, für den Pantomimen Ralf Herzog und die Musikanten Norbert Förster, Dieter Gasde und Hermann Naehring. Circus lila: »Wir verstehen uns in diesem Zusammenhang als Gruppe, die nach einer bestimmten Idee so etwas wie ein Gefäß herstellt, um unterschiedlichste Leute zusammenzubringen, und die sich dabei zugunsten der Präsentation der anderen zurücknimmt.«

Der Circus lila ist zu einem populären »Unternehmen« geworden – ohne Zugeständnisse an den sogenannten Massengeschmack. »Es gibt Leute, die werfen uns Popularität vor. Nach dem Motto: Das gehört sich nicht für Liedermacher. Aber – die haben Nischen und sind intolerant. Wird man mit den Inhalten, die man vertritt, populär, dann ist es sehr reizvoll, viele damit zu erreichen.« Der Circus lila will eine Kunst machen, in der »aktive Unterhaltung« angesagt ist. Nach seinem Direktor: »mit Klimmzug-Effekt«, was, wie im Sport, in aktiver Erholung gipfeln soll.

»Lieder sind für die Kultur eines Landes wichtig«, meint Matthias Görnandt erst einmal sehr allgemein, er versucht aber, gleich wo und woran er arbeitet, selbst konkrete Ergebnisse zu erzielen. »Wir müssen immer weniger Dinge machen, die auf

dem Papier gut aussehen, sondern es muß etwas 'rauskommen, was die Kulturszene unseres Landes wirklich beeinflußt.« Darum kümmert er sich, unterstützt von seinen beiden Mitstreitern, seit 1985 auch als Vorsitzender der Sektion Chanson/Liedermacher beim Komitee für Unterhaltungskunst. »Wirft man seine Erfahrungen in die Waagschale, schreckt man eigentlich davor zurück, Funktionen zu übernehmen. Aber wie oft habe ich mich geärgert, daß an bestimmten Stellen nichts passiert. Und dann, als man mir dieses Amt antrug, habe ich gedacht, jetzt probiere ich das mal.« Inzwischen weiß er, daß dafür extrem viel Fingerspitzengefühl vonnöten ist und es manchmal auch nur nervt, weit mehr als hundert »dieser Individualisten« zusammenzubringen. »Mit einigen kann ich sehr gut arbeiten. Vielen aber fehlt das Engagement, selbst etwas auf die Beine zu stellen. Das kann eine Sektionsleitung natürlich keinem abnehmen!«

Integrierend wirken die drei vom CIRCUS LILA nicht nur innerhalb der Liedszene unseres Landes, sie schrecken auch vor anderen Genres nicht zurück. So entstand Anfang 1986 mit dem Pantomimen Burkhard Seidemann vom Deutschen Theater Berlin *Eingaben – neue Stadt- und Landgesänge*, eine weitere interessante Variante, Lieder auf die Bühne zu bringen. Dem folgten

im selben Jahr Circus lilas *Wunder-Plunder*, *Lieber Mensch*
1987 und die dritte LP *Zauberküsse*. Projekte mit Kerschowski
und Zebra sind gescheitert, »wohl an den so grundlegend verschiedenen Auffassungen, Kunst zu machen«.

P. S.

Matthias Görnandt
So sagt die alte Frau

Gie har un guck her un horch druff, mei Jung
Die sin alle nich mehr heim gekumm
Die Leit, mit denen bin ich in de Schul gegangn
Mir han gespielt wie ihr: Vader, Mutter, Versteckens un Fangn
Das warn emoal Kinner, su klaan wie du auch
In Kriege sin se zersprengt wie Feier un Rauch

    So sagt die alte Frau bei den Gräbern
    Zu ihrem Enkelkind
    In einer Zeit, da mehr als dreißig Jahre
    Wir schon im Frieden sind

Gie har un guck her un horch druff, mei Jung
Die sin alle nich mehr heim gekumm
Bein Opa, da warsch nu schun sehr lange her
Un dei Onkel wär auch noch da, wenn er nich gegangen wär
Damals han mer gedacht, de Haiser stürzten auf uns nei
Un da war bei meine furchtbare Angst ka Mensch darbei

    So sagt die alte Frau ...

Gie har un guck her un horch druff, mei Jung
Die sin alle, alle, alle nich mehr heimgekumm
Da stehn nu de Namen ongereinand
Die han ich alle, alle, alle so gut gekannt
Nu sin se irgendwo für nischt zerstampft in Drecke
Un mir mußten viele Jahre Tag für Tag de Wunden lecke

    Mei Junge, horch, wenn ich dann emoal
    Onger der Wiesen lieg

Machst de hier oben off der Wiesen
Nie in dei Leben en Krieg

(1982)

Matthias Görnandt

Teilen macht Spaß

Hast du einen Ball ganz klein
Will er nicht nur bei dir sein
Will von Hand zu Händchen fliegen
Und nicht nur bei dir rumliegen
Hast du deine Butterschnitte
Schneide sie durch in der Mitte
Dann hat auch dein Freund etwas, denn
    Teilen macht Spaß, teilen macht Spaß
    Teilen macht Spaß (mit Kindern)

Hast du ein neues Fahrrad
Fahr nicht nur allein, 's wär schad
Laß auch andere mal rumflitzen
Daß sie nicht traurig dasitzen
Hast du deine Puppe lieb
Und versorgst sie gut, dann gib
Sie der Freundin auf den Schoß, denn
    Teilen...

Hast du Papa und Mama
Freu dich, sie sind immer da
Gehn sie mal zu andern
Weine nicht gleich, schrei nicht:
Das sind meine
Wenn Mama dir Küßchen gibt
Weil sie dich so richtig liebt
Sag: Küß auch auf Papas Nas, denn
    Teilen...

(1983)

KURT DEMMLER
Immer wieder neu anfangen

Eine Liederveranstaltung unter freiem Himmel im letzten Sommer: ein großes Aufgebot an Sängern, aber ein schlecht gewählter Tag und zu schönes Wetter. Die wenigen Besucher verlieren sich zwischen den Podien und Wurstbuden. Endlich mal 'ne Currywurst ohne Anstehn. Dagegen wäre nichts einzuwenden, nur die Leute auf den Podien tun mir leid. Sie schnappen sich gegenseitig die Zuhörer vor der Nase weg. Als im improvisierten »Lieder-Café« ein nicht mehr ganz junger Akteur seinen Stuhl zurechtrückt, mit dem Daumen über die Gitarrensaiten streicht und sein erstes Lied anstimmt, wandelt sich die Szenerie allmählich. Mehr und mehr Leute kommen heran, bleiben stehen, nehmen Platz. Die Stimme des Sängers wird fester, als hätte er nun endlich Mut gefaßt, seine etwas kleinen Augen hinter Brillengläsern werden lebhaft. Hundert mögen es jetzt sein, die ihm zuhören, lachen, klatschen, mitsingen, schließlich Zugaben abfordern. Am Ende sagt neben mir ein junges Mädchen: »War toll! Wie soll der heißen, Kurt Demmler? Der muß neu sein...«

Soweit kann's kommen. Aber warum soll nicht auch mal etwas als neu entdeckt werden, das schon lange, sehr lange Bestand und guten Ruf hat. Kurt Demmler (Jahrgang 43) war nicht nur einer der ersten Liedermacher hierzulande, er gehört auch heute noch (über zwanzig Jahre hinweg) zu den wichtigsten und produktivsten. Weit über tausend Lieder dürfte er bislang geschrieben haben, und für einen Augenblick gefiel mir die Idee, den hier für ihn reservierten Platz einfach mit den Titeln dieser Lieder zu füllen. Das wäre kein Problem – vom *Lied aus dem* fahrenden *Zug zu singen*, dem *Winterlied* oder *Zart soll es bleiben* bis zu den *Liedern des kleinen Prinzen* (nach Antoine de Saint-Exupéry) oder ganz neuen. Aber was würden diese Titel schon aussagen über die Qualität der Lieder, über die Bedeutung und Wirkung, die sie hatten. Wichtiger ist festzustellen, daß Demmler das zur Gitarre gesungene Lied wirklich populär machte bei uns, regelrechte Hits produzierte (man denke nur an *Maria — Dieses Lied sing ich den Frauen*), erfolgreiche Schallplatten (neben Singles bisher vier LPs und ein Album) vorlegte und für viele junge Kollegen ermutigend wirkte. Offiziell anerkannt wurde seine Arbeit durch den Kunstpreis der Freien Deutschen Jugend (1969), den Kunstpreis der DDR (1973) und den Nationalpreis (1985).

Das sieht alles auf den ersten Blick nach einer glatten und unproblematischen künstlerischen Laufbahn aus, davon kann aber keineswegs die Rede sein — schließlich ist der Liedermacher kein Schlagersänger. Von ihm wird Einmischung verlangt, konkrete Stellungnahme, ein Standpunkt, der mitunter über das hinausgeht, was allgemein bekannt ist oder toleriert wird. Man könnte sogar noch weiter gehen und sagen, ein Liedermacher muß unbequem sein, will er seiner kulturellen und politischen Verantwortung gerecht werden. Das schließt Irrtümer, Auseinandersetzungen, auch Argwohn ein, die seine beständige Suche nach neuen, besseren Liedern begleiten. Demmler selbst hat die Suche, seine Entwicklung (mit leichtem lakonischem Unterton) so beschrieben:

»Schon in den fünfziger Jahren, während meiner Grundschulzeit, duldete ich in meinen Heften keine leeren Löschblätter; sie mußten mit Opernarien betextet werden, die ich selbst entwarf und für die ich im Kopf schon die musikalische Umsetzung parat hatte. Da man sich im Alter wieder kindischen Zuständen nähern soll, denke ich auch neuerdings wieder verstärkt an musiktheatralische Unternehmungen. Mein erstes Geld verdiente ich mir als Tanzmusikamateur in der EOS-Zeit, aber daneben auch mit richtigen Konzertauftritten zu sinfonieorchestraler Begleitung in meinem vogtländischen Musikwinkel. Als ich Medizinstudent war und in einer winzigen Bude am Rande von Leipzig hauste, wurden die Lieder leiser und trauriger und nur noch

von der Klampfe begleitet. Das wurde mein Stil. In diese Zeit fallen die akustischen Begegnungen mit Degenhardt, Kreisler und Seeger. Wenig später fand ich im OKTOBERKLUB musikalische und inhaltliche Partnerschaft wie Gegnerschaft, harmonische Heimstatt und verändernde Reibung. Schließlich entschloß ich mich aber, meinen Weg alleine weiterzugehen, was zur Herausbildung des einzelgängerischen Liedermachertypen in meiner Person führte. Lieder, die zunächst Ausdruck eigener Konflikte und Erkenntnisse waren, geeignet auf Feten Mitleid bis Interesse zu erzeugen, entwickelten sich mehr und mehr zu bühnen- und medienwirksamen Angelegenheiten. Dabei liegt die Betonung auf bühnenwirksam, denn Rundfunk und Fernsehen tun sich hierzulande nach wie vor schwer mit uns Individualisten, anstatt uns als solche zu charakterisieren, mit Fragezeichen hinter unseren Ausrufezeichen...«

Ein für Kurt Demmler typisches Lied, das auch im eingangs erwähnten »Lieder-Café« große Resonanz fand, ist das *Loblied über die Leipziger Verkehrsbetriebe*. Typisch für Demmlers Arbeitsweise am Lied und mit dem Lied. Die Idee ist eigentlich simpel. Auf eine eingängige (und leicht mitzusingende) Musik schrieb er einige Zeilen mit Refraincharakter, die den thematischen Rahmen bilden; das eigentlich Interessante passiert in den Strophen, die aus Vorschlägen des Publikums entstehen oder zumindest improvisiert wirken. Jeder Zuruf wird Ausgangspunkt für eine neue Strophe – kleine Witzchen, Spitzchen und Parabeln, routiniert gereimt und in Szene gesetzt. Hier stellt sich neben Satire und Unterhaltung auch Verblüffung ein. Mit welcher Akribie Demmler allein dieses Lied präpariert hat – es soll mittlerweile über hundert Strophen geben –, spricht für seine zielstrebige und wohldurchdachte Arbeitsweise. Gerade vor dem Hintergrund, daß es vielen jüngeren (auch professionellen) Liedermachern schwerfällt, jedes Jahr (oder wenigstens alle zwei Jahre) ein neues Programm vorzustellen, besticht Demmlers Kreativität und Produktivität. Für die schon erwähnten *Lieder des kleinen Prinzen* schrieb er in wenigen Wochen sechzig Titel, besessen von dem Wunsch, sich auf eigene, ganz persönliche Weise diesem faszinierenden Stoff zu nähern. Für ihn, dessen Vater im zweiten Weltkrieg über Frankreich als Pilot ums Leben kam, ergab sich eine direkte, fast zwingende Parallele zum Schicksal des Fliegers Saint-Exupéry. Die Tatsache, daß diese beiden Menschen an verschiedenen Seiten der Front ihr Leben lassen mußten, bringt Demmler zwar nicht direkt in die berühmte Vorlage ein, dennoch gelingt es ihm, der eindeutigen Symbolik dieser Geschichte seine individuelle Ausdeutung hinzuzufügen.

Man kann nicht über den Liedermacher Kurt Demmler schreiben und dabei seine Arbeit als Texter für andere Interpreten außer acht lassen. Besonders in der sich Anfang der siebziger Jahre sprunghaft entwickelnden DDR-Rockmusik hat er wesentlich zur Durchsetzung deutscher Texte beigetragen. Demmlers Rocktexte für die Renft-Combo, Stern Meissen und Karat (um nur drei zu nennen) zeichneten sich durch ihre Originalität und ihre lyrische Sprache aus. Er war so begehrt, daß es Zeiten gab, wo fast die Hälfte aller Neuproduktionen in diesem Genre von ihm betextet waren. Diese Situation änderte sich Mitte der achtziger Jahre grundlegend:

»Es ging da nichts mehr vorwärts für mich, es passierte nichts mehr. Auf inzwischen konventionell gewordene Musiken paßten auch nur noch konventionelle Texte. Hinzu kam, daß die

Gruppen der moderneren Strömungen ihre Texte selber zu machen begannen, was ihnen der Trend von der Lyrik zur Umgangssprache, zu Slang und Jargon, auch möglich machte. Oder sie brachten ihre ganz jungen Texter mit. Das ist der normale Weg und goldrichtig. Als wir begannen, deutsche Texte für Rockmusik zu schreiben, haben wir ja auch nicht Wolfgang Brandenstein gefragt, der damals die rockigsten Texte machte, sondern unsere eigene Sprache gesucht. Aber ganz leise und im Vertrauen: Manchmal habe ich noch Sehnsucht nach ein paar frischen Tönen und Stimmen, denen ich meine Worte (und darüber hinaus Rat und Tat des ›alten Hasen‹) geben kann.«

Nach einem Medizinstudium in Leipzig und siebenjähriger praktischer Arbeit in seinem Beruf hat sich Kurt Demmler seit Ende 1976 ganz auf das Schreiben und Singen konzentriert. Daneben stand er aber auch für die Beratung des Nachwuchses zur Verfügung, bei Chansontagen, Leistungsschauen und Interpretenwettbewerben. Er hat sehr genau die Entwicklung um sich herum beobachtet, vor allem die Heranrückenden. Schließlich war er nicht nur einer der ersten, er war auch über lange Jahre unangefochten der begehrteste. Da war es nur zu verständlich, daß Kurt Demmler mit dem erfolgreichen Auftreten etwa von Gerhard Schöne, den er sehr schätzt, eigene künstlerische Positionen überdenken, neu bestimmen mußte. Im Selbstvergleich zu den besten Kollegen teste er, wie er einmal sagte, ob er selbst noch von Belang sei oder ob die Jüngeren alles schon besser, das heißt sprachlich und musikalisch interessanter, poetischer, treffsicherer in der Aussage, auch unterhaltsamer vermitteln könnten. Demmler hat die produktive Herausforderung angenommen und immer dazugelernt. Und doch haben seine Lieder ihre unverwechselbare Art behalten, behauptet. Gerade die konkreten Geschichten, in kräftigen Farben (sprich kräftiger Poesie und Bildhaftigkeit) dargestellt, sind beeindruckend, vor allem der Umstand, daß sie ohne Zynismus und Häme bleiben, auch wenn ihr Inhalt bisweilen bitter oder traurig stimmt. Konkrete Geschichten, in denen sich die Zuhörer wiederfinden, neu sehen lernen, Geschichten über Ehrlichkeit, Glücksanspruch, Selbstverwirklichung, beständige Hindernisse, Irrwege und Hoffnungen. Am Schluß seiner Lieder findet sich nicht selten eine überraschende Pointe, die über den dargestellten Sachverhalt hinausweist, ihn relativiert und (was nicht unwichtig ist) voreilige Ovationen bremst. Demmlers Liebeslieder dagegen, von denen es eine beachtliche Anzahl gibt, sind überwiegend leiser Art, beinahe melancholisch (*Mein Herz soll barfuß gehen*, *Jeder Mensch kann jeden lieben*) und offenbar Ausdruck einer Sehnsucht nach Geborgenheit und Zuwendung.

In diesem Zusammenhang erscheint es opportun anzumerken, daß Kurt Demmler nie der freundliche Junge von nebenan war. Die Zusammenarbeit mit ihm ist und war immer konfliktreich, spannend und sehr nützlich. Demmler ringt um jedes Lied, ringt um seinen Standpunkt, ist ein unbequemer Partner im positiven Sinne. Er verlangt von sich Bestmögliches und ist selbstbewußt genug, dieses auch von anderen abzufordern. Daß er dabei häufig mit Kritikern und Produzenten, die ihm mitunter zu eitel, zu selbstgewiß erscheinen, auf Kriegsfuß steht, ist nur eine logische Folge:

»Das ganz einfache Publikum soll meinen Kritikerpreis erhalten, eines, das sich traut zu sagen, was ihm gefallen oder nicht gefallen hat, was es nicht verstanden hat, was ihm etwas gegeben hat. Deswegen suche ich Kontakte zu meinem Publikum, auch schon während des Konzerts, indem ich Lichtquellen meide, die mich so blenden, daß mir die Zuhörer außer Sicht geraten. Ich bin abhängig von ihren Augen, von den Antworten, die zu mir kommen. Singen ist meine spezifische Kommunikationsform, meine Art Kontaktaufnahme zu meinen Mitmenschen und die Hoffnung auf ihre Reaktion. Dabei möchte ich nicht agitieren für das, was ich für das Beste halte, sondern nur so weit gehen, mein Publikum zur kurzzeitigen Überprüfung seiner Einstellungen und Haltungen zu veranlassen. Lieder analysieren, rufen Erinnerungen wach, provozieren den ganz normalen Vorgang auch einer nichtkünstlerischen Unterhaltung zwischen Menschen. Diese Unterhaltung in ihrem doppelten Verständnis, die will ich geben und mir nehmen.«

W. B.

(Aus rechtlichen Gründen war der Abdruck von Liedtexten nicht möglich.)

DUO SONNENSCHIRM
Die Zwei vom Schließfach

Fast alles begann für Dieter Beckert (Jahrgang 50) familientraditionsgemäß in der BBS Bad Doberan als Holzfäller (Forstfacharbeiter mit Abitur) und als Leiter der Beatkapelle STAMMHOLZ B. Über diese Zeiten erzählt Beckert sehr gerne, aber dazu ein anderes Mal vielleicht mehr. Bald schon ging es nämlich zur weiteren Ausbildung nach Tharandt und zum dortigen Singeklub. 1976 schließlich mußte eine Entscheidung fallen (Wald oder Nicht-Wald), und sie fiel. Beckert wollte auf die Bühne, begann ein Gesangsstudium in Dresden, lernte dort Gerhard Schöne kennen. Zusammen mit einer Kommilitonin entstand das Programm *Zwei Gaukler und ein Mädchen*. Als Gerhard zwei Jahre später nach Berlin ging, folgte eine enge (und langanhaltende) Zu-

Auch bei Jürgen Wolff (Jahrgang 53) gab es ein klares, vorbestimmtes Lebensprogramm: Kindergarten, Schule, Lehre als Drucker (weil er Grafiker werden wollte). In dieser Zeit gründete er eine Singegruppe, die eher einer Rockformation glich, und mit ihr spielte er 1973 schon zu den Weltfestspielen in Berlin auf. Den eigentlichen Umbruch aber brachte dann ein Jahr später beim Festival des politischen Liedes das Erlebnis SANDS FAMILY. Wolff, inzwischen endlich Grafikstudent in Leipzig, rüstete seine Gruppe rigoros auf Folklore um (»Ich wußte einfach, das war mein Ding!«). Wenig später (1976) war er Mitbegründer der FOLKLÄNDER, organisierte Folk-Werkstätten, brachte mit anderen die Volksliedforschung in Gang. 1981 produzierte die Gruppe bei AMIGA eine Lang-

sammenarbeit mit Karl-Heinz Schulze. Beide spielten mit Schöne dessen erste LP ein, schrieben Film- und Theatermusiken, bauten ein eigenständiges Liederprogramm auf, wurden damit 1980 Preisträger bei den Chansontagen. Zwischendurch war Dieter Eleve am Puppentheater Dresden, kam über die *Hammer-Rehwü* zur Gruppe KARLS ENKEL. Endlich alles unter einem Hut: Parodie, Witz, Klamauk, geistreicher Hintersinn. Eigentlich sollte es losgehen, aber gekommen ist eine Pause…

spielplatte, die sich noch heute hören läßt. – Das wär's eigentlich gewesen! Aber was so hoffnungsvoll begann, verlor schnell an Authentizität und Dynamik: »Geblieben war Vereinsmeierei und fröhlicher Volkstanz.« Die Enttäuschung führte Jürgen wieder zurück ins Atelier (sein Diplom hatte er 1979 gemacht), zurück zu seinen mitunter skurrilen Bildern. 1985 war, wie er später sagte, sein »schwarzes Jahr«, sein Grübeljahr. Aber dann kam Dieter vorbei – mit seiner Pause…

Natürlich sind sich Dieter und Jürgen schon vor 1985 des öfteren über den Weg gelaufen, aber ihre Zusammenarbeit war davor doch eher sporadischer Art. Man kannte sich, man sah sich, aber jeder hatte Eigenes vor. Ihr erstes gemeinsames Projekt, die *Boten des Todes* – eine in erster Linie ironisch angelegte Folkoper, die über das Stadium einiger Durchläufe nicht hinauskam –, war der Beginn einer Zusammenarbeit, die außerordentlich kreativ und harmonisch verlaufen sollte.

Jürgen: »Wir sind beide Waagen, wir lieben die Balance.«

Dieter: »Es gibt eine stumme Übereinkunft, über die wir nie gesprochen haben. Sie schwebt im Raum und ermöglicht uns, eng zu kooperieren und dabei doch halbwegs zufrieden zu sein. Das ist ein höchst sensibles System. Dazu gehören eine gleiche Erfahrungswelt, gleicher Geschmack, die Möglichkeit tastender Vor- und Zurücknahme der eigenen Person und ein gewisser ›introlektueller‹ Charakter.«

Dieses seltsame Adjektiv gehört zum inzwischen fast schon geläufigen SONNENSCHIRM-Wortschatz, zu dem auch die Fantasmogorin, Sprachquark und Wortwürfel sowie ABFrau und Brachialromantik gehören. Zu letzterer Worterfindung später mehr

— verweilen wir noch kurz beim ersten Programm des Duos von 1986: *Grünes Licht ins Blaue*. Das sagt so sehr viel nicht, zumal die wichtigsten »Mitwirkenden« (laut Programmheft) noch nicht genannt wurden:

Der Haarspalter (Er trank ein Gläschen Halb & Halb, triefte, teils grübelte leise vor sich hin, stets nach Spaltung stand sein Sinn…);

Hans Schlot (Schornsteinfeger und Schwarzfahrer wider Willen, der eine unliebsame Begegnung mit schwarzen Schafen haben wird…);

Skrupel-Peter (der seinen Skrupel-Töter findet und glücklich wird…).

Diese Aufzählung ließe sich fortführen, ein Schlaglicht ist aber auch so geworfen auf die Vorkommnisse auf der Bühne, im ganzen *Konzertlesung* betitelt. Lieder und Sprechtexte wechseln sich in rasantem Tempo ab, ein Wirrwarr aus Geschichten, absonderlichen Situationen (teils vorgespielt) und natürlich »neuen« Worten. Hinzu kommt, daß die beiden Akteure Erzmusikanten sind, mit Spielfreude bei der Sache auf vielerlei Instrumenten von der Trompete über den Triangel bis zur Thüringer Waldzither. Nach dem bisher Gesagten wird man vielleicht eine Ahnung vom heiteren Ablauf eines SONNENSCHIRM-Abends haben, aber sicher auch davon, daß dies allein nicht Sinn und Zweck des Unternehmens ist.

Jürgen: »…obwohl es schon erst mal sehr schön ist, wenn die Leute sich amüsieren.«

Dieter: »Wer sich hinterher den Mund leckt, das Heitere genossen hat und die anderen Dinge nicht gesehen hat — was soll man da machen? Nichts wäre fataler als fatale Freude, besinnliche Fröhlichkeit, wie wir sie von unserem Kabarett kennen. Wir halten unsere ›Vorsicht-Zeichen‹ dagegen, damit das Publikum sich nicht einkitscht.«

Natürlich soll das Publikum sich gut unterhalten fühlen (was auch geschieht), aber »wie bei einer Zwiebel« finden sich unter der Oberfläche Schichten, die mehr fordern als ein intaktes Zwerchfell:

erste Schicht: Heiterkeit — der triviale Stoff

zweite Schicht: Musik — die emotionale Verstärkung

dritte Schicht: Wortspiel — die Anspielung und der Hintersinn
vierte Schicht: erste Weisheiten zum Schwarzärgern… usw.

Jürgen: »Als wir unser Programm das erste Mal ausprobiert haben und die Leute über das, was wir uns ausgedacht hatten, lachen konnten — wir also nicht die einzigen waren —, das war für mich eine merkwürdige Erfahrung, ein wichtiges Erlebnis…«

Dieter: »Unsere Texte entstehen ja aus einer Irritation heraus, aus einer vergangenen, schon vergessenen Episode, Bedrohung oder Angst — aber das weiß man erst hinterher.«

Der große Mangel an Humor hierzulande, am heiteren Umgang mit uns selbst begründet noch nicht den raschen Erfolg, die wachsende Popularität des Duos. Das Lachen öffnet die Seele, und das kecke Gespann setzt sich mitten rein, streicht den Alltag bunt an, das »Mysterium Alltag« (in der SONNENSCHIRM-Sprache). Dabei wird das Schließfach auf dem Bahnhof zu einem gepäckfressigen Monster, das am Butterbrotpapier klebende Gehackte zu einem weltbewegenden Ärgernis, der Mittwoch-Sirene wird ein Liebeslied gesungen, um dann glaubhaft zu verkünden, daß _Steine_ keine Angst hätten. Letzteres Thema (und Lied) »natürlich« verbunden mit einer persönlichen Widmung an die ROLLING STONES und Gisela Steineckert…

Bei derlei Auflistungen liegt die Vermutung, es könne sich um eine neuartige Form bekannter Fabeln handeln, natürlich nahe. Aber ganz so einfach ist es dann doch nicht. Schließlich hat das Duo selbst für die eigene (in Musik und Text gemeinsam erbrachte) Arbeit einen Oberbegriff erschaffen: die bereits erwähnte Brachialromantik.

Jürgen: »Der Schaffensfrust ist der Antrieb der Brachialromantik.«

Dieter: »Man spürt das Romantische in den Märchen, den Mythen — und das Brachiale, das Brechende ist eine direkte Kraft dagegen. Wir haben diese neuen Worte ja nicht erfunden, um anzugeben. Sie stellen einen bewußten Gegensatz zu bekannten Wörtern dar, einen verwirrenden Gegensatz. Verwirrung kann produktiv sein.«

Wer sich bei dem, was das Duo Sonnenschirm auf der Bühne präsentiert, ganz auf das Heitere beschränkt (also die erste Schicht), wird nur den halben Gewinn haben. Und zu Recht heben beide Akteure empört die Hände, wenn, bezogen auf ihre Arbeit, von Nonsens oder Ulk die Rede ist. In der Tat ist eher ein sarkastischer Unterton hörbar (bei dem Wort Sarkasmus heben sie aber auch empört die Hände), der nicht selten durch eine Prise schwarzen Humors gewürzt ist. Dabei fällt in einigen Liedern ein Thema auf, das sich ohne Aufdringlichkeit durch das Programm zieht — die Verantwortung. Als Beispiele seien *Der Tribünen-Heber, Zug-Roulette* oder *Ab-Rostung* genannt. Wenn Dieter vor lauter schwerem Tragen an der Verantwortung (für alles!) auf der Bühne fast aus dem Konzept und ganz ins Schwitzen kommt, sehen es die Zuschauer mit Vergnügen und fühlen sich doch unangenehm an das eigene »Tragen« erinnert...

Mittlerweile ist das Autorengespann in ein beinahe unvermeidliches Dilemma geraten, das auf viele Erfolgreiche zukommt: Sie müssen ihre Leistung bestätigen. Beckert und Wolff sind jetzt mit den Wirkungen ihrer Arbeit besser vertraut, setzen gezielter auf diese — was nicht unproblematischer ist, aber machbar. Als Beweis nehme man das zweite Programm der beiden (1988): *Beschattung durch das Duo Sonnenschirm.* Und wer immer kann, sollte sich »beschatten« lassen.

W. B.

Jürgen B. Wolff · Dieter Beckert

Die Haarspalter-Ballade

Lebten zwei Zwillingsschwestern
Mit zwanzig Zehn und zwanzig Fingern
Hatten vier Beine, vier Augen und acht Ohrn
Alles doppelt hingeborn
Aber welch Malheur – eine hatte ein Haar mehr
So litt um ein Haar die Harmonie
Welch eine Katastrophe haarsträubender Art
Schwestern teiln alles oder nie

Gingen beide zum Haarspalter
Der trank ein Gläschen Halb und Halb
Und triefte teils grübelte leise vor sich hin
Stets nach Spalten stand sein Sinn
Nichts, das nicht zu teilen wär, aus einem Stück wird mehr
Streiten zwei sich, freut sich der Spalter
Teile und herrsche, sagt man, zwiefach lockt die Kluft
Drüber thront der Spalter als Verwalter

Die zwei Schwestern baten ihn:
Spalt unser überzählig Haar
Das sich nicht teilen läßt, wie man es auch kämmt
Unser Frieden ist in Gefahr –
Er trieb seinen Keil in das Haar mit großer Teil-
fertigkeit und eh man sich's versehn
Löst alles sich in fadem Wohlgefallen auf –
Eintracht mäht der, der Zwietracht sät

(1986)

Jürgen B. Wolff · Dieter Beckert

Steine haben keine Angst

Feldstein, vernimm meinen Neid
Du trägst dein Päckchen mit Schneid
Du fragst nicht, du klagst nicht, du schweigst
Wenn steter Tropfen dich höhlt

Wenn dich der Steinklopfer quält
Du sagst nichts, du zagst nicht, du zeigst
Wie man Erniedrigungen schluckt
Wie man nicht unterm Hammer zuckt
Wie man stilvoll einfach stillhält und verharrt
Und wirst du auch angepißt
Du bleibst immer Fatalist
Du erbleichst nicht, du erweichst nicht und bleibst hart

 Steine haben keine Angst
 Steine haben keine Angst
 Steine haben keine Angst

Weltschmerz ist meine Passion
Ich seh die Inquisition
Wie sie schon vor meinem Gnadenbrot hockt
Herbstgelb welkt mir das Haar
Noch ist die Suppe nicht gar
Aber schon eingebrockt
Du kennst kein Adrenalin
Findest in allem einen Sinn
Bist der Stein, der Stein der Weisen, der nie grollt
Rückt das Sprengkommando vor
Steckt die Lunte dir ins Ohr
Dann denkst du dir, macht doch mit mir, was ihr wollt

 Steine haben keine Angst…

(1987)

JÜRGEN EGER
Für den Kopf und für die Sinne

Eger ist Jahrgang 54, Elektronik-Diplomingenieur, Berliner, zu Hause im Prenzlauer Berg. Mit Vierzehn begann er Gitarre zu spielen. Nach seinem Elektronik-Studium hatte er erste Auftritte, zunächst vor allem mit Blues-Titeln. Er nahm Gesangsunterricht an der Musikschule und begann, mit eigenen Titeln auf sich aufmerksam zu machen. 1981 bei den Chansontagen in Frankfurt/Oder erhielt er einen Preis, seither ist er freischaffend.

In der *Ballade vom ruhelosen Ritt des Sängers durch Wind und Zeit* ist zu erfahren, wie du dich siehst, wie du lebst. Allerdings bezeichnest du dich selbst als Dichtersänger. Wie bewegt sich ein solcher durch »Wind und Zeit«, was unterscheidet ihn vom Liedermacher?

»Zunächst einmal macht der ›Dichtersänger‹ auch nichts anderes als ein Liedermacher. Er schreibt Texte, vertont diese und trägt sie vor. Nur kommt am Schluß vielleicht etwas anderes dabei heraus. Die meisten Leute glauben eine Vorstellung davon zu haben, was ein Liedermacher sei, hier und woanders. Ich habe es immer zu fühlen bekommen, daß ich diesen Vorstellungen nicht entsprach. Auch lag mir nichts daran, das, was ich sagen wollte, unbedingt diesen Vorstellungen unterzuordnen. Das beginnt bei der Wahl des Sujets und des Gestus' und setzt sich fort bei den handwerklichen Mitteln. Wesentlicher sind wohl meine philosophischen Ambitionen, aber auch meine Bemühungen um eine dichterische Qualität, die das breitere Liedermacher-Publikum nicht als das gelten lassen möchte, wofür es sich interessiert. Der Anteil der Sprechtexte, der Arbeit mit dem Körper u. a. hat sich bei mir in den letzten Jahren sehr erhöht. Nicht zuletzt empfinde ich eine Vielzahl offizieller und gebräuchlicher Berufsbezeichnungen als unschön; ich habe die Möglichkeit, die meine selbst zu wählen. Warum sollte ich's nicht tun?«

In einem anderen Text erklärst du mit kühnen Worten — »der Dichtersänger nun beginnt, sein Wort zu streun unter das Volk...« — dein künstlerisches Credo. Streuen ist das eine, Verstandenwerden das andere. Nicht selten wird das Publikum in einer Stunde mit dem konfrontiert, was ein Dichtersänger in Jahren verdichtet hat. Wie wichtig ist dir das Verstandenwerden?

»Natürlich möchte ich verstanden werden; ich bin kein Anhänger einer Ästhetik, die sich beschreiben ließe mit den Worten: ›Was wollte der Dichter uns verschweigen?‹ Verstandenwerden ja, aber von wem und zu welchem Preis? Als ich antrat, wußte ich schon, daß ich etwas sehr Spezielles machen will und sich demgemäß auch nur ein spezielles und spezialisiertes Publikum dafür interessieren würde. Das Verstandenwerden ist auch abhängig von den Erfahrungen und kulturellen wie sozialen Bedürfnissen des Zuhörers. Ich möchte etwas machen für Leute, die sich ein Interesse für Gesellschaftliches und Politisches bewahrt haben und es entwickeln wollen und deren Vermögen, Sprache und Musik aufzunehmen, nicht auf dem Comicsprechblasen- und Rumpelpopniveau stehengeblieben ist. Unter der Voraussetzung, daß man nicht vom Veranstalter verschaukelt wurde, daß die entsprechende Veranstaltung gut organisiert und angekündigt wurde, klappt es im allgemeinen mit dem Verstandenwerden ganz gut. Zuhörer, die beim ersten Mal mit meinen Texten noch nicht so gut zu Rande kommen, weil's halt zu neu ist für sie, versuchen es sehr oft ein zweites Mal und sagen mir dann, daß sie nun mit meinen Sachen etwas Positives und Produktives anfangen können. Auch habe ich mir zu meinem letzten Programm einige Texte drucken lassen und diese als Programm-Poster mit gutem Erfolg angeboten.«

Als du Anfang der achtziger Jahre stärkere Beachtung fandest, war mitunter zu hören: Da ist wieder einer, der auf Brecht/Eisler macht. Wie stehst du dazu?

»Wo hast du das gehört? Da, wo ich auftrat, wußten die Leute eigentlich kaum, wer das war. Schon gar nichts von ihren

Werken. Ich war in den Jugendklubs, in den Diskotheken gar, ein Novum, eine exotische Nummer, der man teilweise einen gewissen Respekt nicht versagen mochte. Es ist richtig, daß ich mich sehr intensiv mit Brecht und Eisler befaßt hatte und dies zur damaligen Zeit noch tat. Auf der Penne begann meine Beschäftigung mit Brecht, mit der Lyrik vor allem, dem Alter und der Situation entsprechend mit der ja für unsere Verhältnisse immer noch recht freien Liebeslyrik und der politischen. Sowohl mit der, die in den Lehrbüchern steht, als auch mit der, die von den Lehrmeinungen nicht so recht zu fassen ist... Später kamen theoretische und Prosaschriften hinzu und die Dramatik. An der Musikschule ergab sich für mich die Notwendigkeit, geeignetes Unterrichtsmaterial zu suchen. Ich mochte nicht immer Schubert singen, vor allem der Texte wegen. Da kam ich auf Eisler, weil der ja jede Menge Brecht-Texte vertont hatte, aber auch welche von Tucholsky, Kästner usw. Meine Lehrerin war im Prinzip damit einverstanden (ab und zu mußte es aber doch auch Klassisches sein). Mit Eisler habe ich mich dann mindestens genauso intensiv beschäftigt wie zuvor mit Brecht. Es fällt mir überhaupt nicht schwer, ins Schwärmen zu kommen, wenn dieser Name fällt. Ich habe so viel gelernt für mich und meine Lieder und habe deshalb nicht den geringsten Grund, mich meiner künstlerischen Herkunft zu schämen. Überhaupt bin ich der Meinung, daß man auf diese oder auf eine andere Art in seinen ›Lehr- und Wanderjahren‹ seine Meister haben sollte, um von ihnen das Handwerk zu lernen und mehr. Es sind meines Erachtens seltene Ausnahmen, die ohne ein irgendwie geartetes Studium in der eigenen Produktion zu mehr als Mittelmaß gelangen.«

Inwiefern hat Eisler deine eigene kompositorische Arbeit beeinflußt?

»Gerade bei Eisler kann man lernen, wie man die musikalischen Mittel bewußt anwendet, daß aus einem Text und einer Melodie ein gutes Lied werde. Ohne die Musik zu überfordern und von ihr eigenständige, verbalisierbare Aussagen zu verlangen. Ich erinnere mich in diesem Zusammenhang eines kurzen Traktats von 1932, ›Unsere Kampfmusik‹, in dem Eisler schreibt, daß es für die revolutionäre Kampfmusik nicht zulässig sei, lediglich ›rote Schlager‹ zu schreiben, daß man aber durchaus den Rhythmus des Jazz ummontieren und straff und energisch machen könne. Das und anderes hat mich tief beeindruckt, und Lieder wie *Die Ballade vom Wasserrad* haben mir gezeigt, daß das nicht nur Theorien waren.«

Nun schreiben viele Liedermacher ihre Texte primär aus dem eigenen Leben heraus, sehr persönlich, was zu überhöhter Subjektivität führen oder gar zur »Nabelschau« werden kann. Versuchst du in deinen Liedern dem durch die Darstellung von Objektivem, mitunter sogar dozierend vorgetragen, zu entgehen?

»Zunächst meine ich zu wissen, daß Kunst immer etwas mit ›überhöhter Subjektivität‹ zu tun hat; fehlt diese, so ist das ganze fad und von geringer oder kurzer Wirkung. Dabei ist mir die Metapher ein wichtiger Baustein der Poesie. Freilich will und darf ich die Lieder und Texte nicht überfrachten. In den eher agitatorischen Stücken, wo es also vordergründig um gesellschaftliche, politische Themen und Aussagen geht (wobei ich durchaus mit der Parabel, dem Gleichnis arbeite), bevorzuge ich einen Erzählton, der meines Erachtens nur gelegentlich ins Dozieren hinübergleitet – und das oft mit einem Schuß Ironie. Für mich ist es kein Widerspruch, daß Kunst einer subjektiven Sicht- und Darstellungsweise bedarf und doch ein Promoter des Rationalen, der Vernunft, der Wahrheit sein sollte, nicht nur des Emotionalen. Mit der neoexistentialistischen ›neuen Innerlichkeit‹ kann ich nichts Positives anfangen; oft sind diese Nabelschauen für mich lediglich passabel verpackte Dummheiten und Verantwortungslosigkeiten. Aber auch da sind die Geschmäcker verschieden...«

Kommst du nicht angesichts des Trends zur »neuen Innerlichkeit«, was ja auch mit einem Trend zur eher leichten Unterhaltung zu tun hat, nicht zusehends in die Rolle des »Rufers in der Wüste«? Wie schätzt du selbst deine Wirkung ein?

»Ich finde für meine Arbeit ein über die Jahre zwar langsam, aber stetig ansteigendes Interesse. Ich bin eigentlich auch ganz froh, daß mein Werdegang keine Blitzkarriere ist, bei der man über Nacht für kurze Zeit ›hochgeschossen‹ wird und dann den Rest seines Lebens als sein eigener Schatten herumläuft. Gemessen an der insgesamt sehr geringen Präsenz unserer Liedermacher in den Medien, steh ich ganz gut da und könnte zufrieden sein. Das bin ich natürlich nicht, und es gibt Tage, Wochen, Monate, in denen ich besonders stark empfinde, daß das, was ich mitzuteilen habe, zu geringe Chancen hat, wenigstens denen bekannt zu werden, die sich überhaupt für derartiges interessieren. Der Handel präsentiert die Platten unserer Kollegen nicht so, wie es nötig wäre; im Rundfunk werden unsere Titel in gut versteckten Nischen gespielt usw. Da müßte schon was passieren und könnte wohl auch... Andererseits glaube ich, daß solche Situationen der (scheinbaren) Erfolgslosigkeit wichtig und notwendig für mich sind.«

Um nach neuen Wegen zu suchen?

»Auch. Aber vor allem denke ich, daß es nicht gut wäre, über Jahre permanent kilometerweit über unseren Realitäten zu schweben.«

Mit dem Titel deines Programms *KOPF HOCH und der Zeit die Zähne zeigen*, das bei AMIGA auszugsweise als LP erschienen ist, hast du dir selber einen Auftrag erteilt, einen auf den ersten Blick kämpferischen. Aber welche Zeit meinst du?

»Welche wohl? Diese!«

Diese Zeit kann man aber doch von verschiedenen Standpunkten sehen und bewerten, was ja auch geschieht.

»Sicher. Auch ich sehe und bewerte, und das wird aus diesem Programm hinreichend deutlich. Oder? Im übrigen sehe ich den Titel weder sehr kämpferisch noch pathetisch, schon gar nicht im Sinne solcher Moralaufrufe wie: Sei ehrlich! Sei offen! Sei lieb! Es geht ums (Über-)Leben, um seine hinreichende Be-Gründung, um Strategie und Taktik des Mensch-Sein-und-Bleibens.«

Sind im bereits erwähnten *Ritt durch Wind und Zeit* deine Grundpositionen, dein Programm zu finden?

»Nein, ganz gewiß nicht. Wenn ich mich schon auf ein Lied festlegen soll, dann auf *Manu*. Auch wenn es ein Rollenlied ist (also kein Ich-Lied wie der *Ritt*), empfinde ich es inhaltlich viel stärker bekenntnishaft als den *Ritt*... Also wie Manu ihre Arbeit macht trotz aller Widrigkeiten, wie sie ihren Stolz behält, Mensch wird und bleibt, sich nicht unterkriegen läßt von den Menschen, Maschinen um sie und ihrem privaten Zeugs... Solche Selbsterklärungen wie den *Ritt* kann und will ich nicht ganz vermeiden, aber das ist nicht so wichtig.«

In deinem Programm *Aus den Memoiren eines Kindes* stehen Lieder und Sprechtexte in einem neuen, gleichwertigen Verhältnis. Ist dies als Zwischenetappe auf dem Weg zum »reinen Dichter« zu verstehen oder als Hinweis auf die lange angestrebte Synthese beider Ausdrucksformen?

»Ich glaube nicht, daß ich das Singen ganz sein lassen werde. Obwohl es ja eine Reihe Jüngerer gibt, die sich singend zu Wort melden… Hier und da habe ich schon auf das Musikalische verzichtet. Das werde ich sicher noch öfters tun.«

Diese *Memoiren* sind wohl persönlicher als frühere Programme, aber keineswegs Eger-Memoiren. Wie ordnet sich dieses Programm in den Kontext deiner anderen Arbeiten ein, wird es eine Plattenproduktion geben?

»Als derzeitigen Stand meiner ziemlich kontinuierlich verlaufenen künstlerischen Entwicklung, die sich mittlerweile vom Pausenfüller bis zum Stückautor erstreckt. Das *Memoiren*-Programm ist − so sehe ich mich selbst − ein weiterer Schritt in dieser Entwicklung, auch eine weitere Begründung für die von mir gewählte Berufsbezeichnung. Allerdings hat hier ein sehr komplexer Inhalt eine Form gebraucht und eine Metapher. Ob die *Memoiren* irgendwann und -wie dokumentiert werden, weiß ich nicht. Jetzt jedenfalls erschien erst mal das, was ich davor gemacht habe, auf meiner zweiten, diesmal LITERA-LP *Diaeklektische Liedersprüche*.«

Eingangs sagtest du, daß du bei der Wahl des Sujets und des Gestus eigenen Vorstellungen folgen willst. Hier hat sich vor einiger Zeit offenbar ein Umdenken vollzogen. Es wäre sicher müßig, über deine neue Frisur zu sprechen, wäre da nicht plötzlich auch das geschminkte Gesicht bei den Konzerten, ein im ganzen veränderter, sagen wir mal, weicherer Habitus. Welche Gründe gab es für dieses neue Image?

»Hier hat sich mit den Jahren einiges geändert, um nicht zu sagen entwickelt. Gar so ungewöhnlich ist ja ein geschminktes Gesicht nicht, man denke nur an die verschiedenen Liedertheater, die es bei uns und anderswo gibt. Für mein letztes Programm hatte ich mir eigens eine kleine Bühne bauen lassen und mit Kostüm, Maske, Licht gearbeitet. Ich will etwas machen, das besser ist als durchschnittlich; ich muß dieses und jenes ausprobieren; ich will etwas bieten für den Kopf und für die Sinne; ich hasse die Genreklischees und -fesseln, auch wenn ich sie nicht ganz vermeiden kann. Was meine Haartracht angeht, ist es für mich schon ungewohnt, über dergleichen Äußerlichkeiten befragt zu werden, da ja in unserem Metier die ›höheren Werte‹ zur Debatte stehen. Es kommt einiges zusammen. Ich will stärker mit theatralischen Mitteln arbeiten und auf der Bühne als Typ nicht so stark festgelegt sein, aber auch nicht im Leben falsch zugeordnet werden – vor fünf Jahren hatte man bei so sehr kurzem Haar nicht fast automatisch die Assoziation ›Skinhead‹. Ich hatte außerdem in den letzten zwei, drei Jahren einige erhebliche persönliche Probleme. Ich glaube, daß ein Teil davon auch auf Kommunikationsschwierigkeiten zurückzuführen ist, die mit meinem Äußeren zu tun hatten. Als Künstler wie als Privatmensch will und muß ich in der Lage sein und bleiben, das gesellschaftliche Echo auf mein Tun wahrzunehmen und zu verarbeiten, und, wenn es drauf ankommt, auch meine eigene Position korrigieren, Strategie und Taktik ändern können, wenn es so wie bisher nicht mehr weitergeht.«

Jürgen Eger gilt allgemein als scharfer Kritiker seiner Kollegen, nicht nur in Diskussionen, auch in Artikeln. Du schriebst mal: »Freundlichkeit schadet allen, wenn der, dem sie gilt, eigentlich härteste Kritik und schonungslose Analyse verdiente oder gar Entzug der Zulassung!« Stehst du noch zu dieser Aussage?

»Ich weiß nicht, ob ich allgemein als ein scharfer Kritiker meiner Kollegen gelte. Ich würde es so sehen: Ich sage in (internen) Diskussionen, was ich über die Fertigkeiten meiner Kollegen denke, was mein ›Fach-Ohr‹ hört, was ich empfinde. Ich sage es im allgemeinen geradeheraus, ohne Schnörkel. Die Mittelmäßigen und die, die noch weniger können, mögen mich also meistens nicht. Es geht mir um Entwicklung, die nicht sein kann, wenn man immer nur drumherumdenkt und -redet. Ich halte nichts davon, in größerer Öffentlichkeit das Mangelhafte der Lieder von Kollegen zu benennen, da man als Macher meines Erachtens zu subjektiv dafür ist. Das ist das Amt der ›neutralen‹ Journalisten. Ich halte dafür, daß sich das Publikum weitgehend selbst seines aussucht, ohne von der ›Konkurrenz‹ (des)orientiert zu werden. Ich halte viel von einer Selbstkritik des Genres und von einer möglichst öffentlichen Diskussion der Probleme. Das versuche ich auch in Artikeln.«

Welche Kriterien würdest du ansetzen, um einen guten Liedermacher zu charakterisieren?

»Ich setze höchst ungern Kriterien an. Ich meine, daß ein Liedermacher wissen sollte, daß Publikumsresonanz nicht unbedingt etwas mit künstlerischer Qualität zu tun haben muß. Vor allem junge Leute, die frisch und originell daherkommen, ihre ersten Erfolge genießen, erliegen hier oft einem Irrtum. Für mich ist das Wichtigste eine Persönlichkeit, die integer nach künstlerischer und lebendiger Wahrheit sucht, die auch in der Lage ist zu lernen, sie zu finden – oder wenigstens Teile davon. Sich selbst zu erreichen, seine Möglichkeiten auszuschöpfen und immer wieder neue Entwürfe zu machen vom eigenen Leben und dem der anderen. In Liedern und Texten und im eigenen Verhalten den Menschen gegenüber, mit denen man zu tun hat, im Konzert, in der Diskussion, auf den Ämtern usw. Nicht nur singen, was man denkt, sondern auch leben, was man einst gesungen hat. Und doch nicht stehenbleiben, und doch sich auch selbst widersprechen und anders werden und doch man selbst bleiben. Dummheit und Faulheit sind die Eigenschaften, die mich in der Beobachtung des Genres am meisten enervieren. Zu der charakterlichen Qualifikation kommt dann noch notwendig die handwerkliche. Am wichtigsten finde ich es, daß die stimmlichen Ausdrucks- und Gestaltungsmittel entwickelt sind. Zum Singen und Sprechen gehören auch Intonation und Artikulation. Das Instrument, auf dem man sich selbst begleitet, sollte einigermaßen beherrscht werden. Von Kenntnissen in der Musiktheorie, der Verslehre, Ästhetik gar nicht erst zu reden.«

In deiner Aufzählung erscheint die Musik so ziemlich als letzter Punkt. Ist darin eine Wertung zu sehen?

»Meines Erachtens geht das Publikum in erster Linie der Texte wegen zu den Liedermachern, würde aber das Angebot nicht wahrnehmen, wären diese Texte nicht – und sei es noch so schlecht – irgendwie musikalisch verpackt. Aus der Sicht des Liedermachers ergibt sich dann einfach die Notwendigkeit, sich die Gitarre vor den Bauch zu klemmen, weil das Publikum ihm sonst die Texte auf keinen Fall abkaufen würde. Es reichen durchaus immer noch die berühmten ›drei Griffe‹. Ich selber bemühe mich, Musiken zu schreiben, die mit den Texten zusammen noch als Lieder zu empfinden sind, auch wenn man die Sprache nicht verstünde. Ich ›vertexte‹ nicht vorhandene Noten. Andererseits bin ich ein Dilettant auf dem Gebiet der Musik, sicher ein relativ gut trainierter, aber doch ein Dilettant. Gerade wenn ich mit Musikern zusammenarbeite, wie bei der Produktion meiner LITERA-Platte mit der Gruppe FLAIR, wird es mir jedesmal schmerzhaft klar — gerade weil ich die Musik liebe. Den Liedern an Musik das zu geben, was sie wirklich zu wirksamen Liedern macht, darin liegt wohl auch der Grund für die sich in letzter Zeit auch bei uns häufende Zusammenarbeit von Liedermachern mit Musikern.«

Die auch zur Popularisierung der Lieder beitragen könnte? »Ich hätte nichts dagegen.«

W. B.

Jürgen Eger

Sicher, wir kamen alle
einmal nackt zur Welt,
und es fragte keiner,
ob es uns gefällt.
Und wir gaben uns Mühe,
groß zu werden und stark.
Ach, wie war es doch stille,
als uns
noch der Mutterschoß barg.

An den Pfefferbäumen
reift so manche Frucht.
Das stört sehr beim Träumen
in der tiefen Gruft.
Und auch manche Ärsche,
die in Schreibtischsesseln schwitzen.
Die stinken mir bis zum Himmel,
wo die Englein
mit Nasenklammern sitzen.

Ich habe krumme Beine,
einen krummen Rücken auch

und überhaupt bin ich ein krummer Hund,
aus meinem Kopf steigt
krummer Rauch.
Ich tanz auf krummen Wegen,
kann nicht schreiten, nur
krumm wanken.
Das Allerschlimmste aber
ist es wohl:
Ich habe krumme
Gedanken.

Klinge, schmeichle meinem Ohr,
Gitarre, Genossin Braut!
Bist mir zu meiner Wohlfahrt
ein halbes Leben schon
angetraut.
Und ich schlag schon seit Jahren
heftig auf dich ein.
Du schreist tönend meinen Schmerz;
dabei möcht ich
doch so zärtlich
sein.

(1979)

Jürgen Eger

Großer kleiner Trost

Ich habe Angst vorm Tod,
und du fürchtest das Faltenkriegen.
Wie blaß wird unsre Not,
wenn wir dicht beieinander liegen.

Wie weit weg weht der Wind der Welt,
wenn ich von deinem Atem trinke.
Ich weiß nicht mehr, was mir gefällt,
wenn ich in diesem Rausch versinke.

Ich suche deine Näh'
und find: es wird die Welt mir weiter.
Ich seh, was ich nicht säh',
und weiß nicht wie und werd' gescheiter.

Und fliegend mit unsren Ideen
stehn wir ganz fest auf dieser Erd'n.
Wir werden mit der Zeit vergehn
und werden mit ihr klüger werden.

(1983)

Jürgen Eger
Manu

Manu macht die riesenrunden Reifen
in der Reifenbude an der Spree.
Daß det wichtig is, kann jeder leicht begreifen,
wenn er mit sein' Trabbi will zur See
fahrn im Sommer, und er braucht so 'n Jummi
und kricht 'n nich, dann steht er da wie Bummi.
Schon manchen sah man sich um Reifen raufen,
det ist oft nich einfach, die schwarzen Dinger sich zu kaufen.
Und daß man's überhaupt kann, is Manu eben da:
Eener muß se machen, klar.

Na und, ick bin doch hier!
Na und, ick mach hier Reifen!
Na und, ick bin doch hier!
Na und, ick mach hier Reifen!
Is ja 'n dollet Ding! Wa?

Haste mal acht Stunden an so 'n Unjetüm gestand'n?
Und det faucht und stinkt und macht Reifen nebenbei.
Du drückst Hebel, schiebst 'n Karren und packst janz schön an
und kommst dir in der Kluft schon selber vor wie 'n kurzjerat'ner
Mann.

Da stehste nu mit deinen zwanzig Jahren
und hast von der Schicht schon käseweiße Haut.

Manchmal möchste ja janz jerne Schlittenfahren
mit dem Schicksal. Aber bitt schön: grob und laut!
Aber dann: Wat sollste machen?
Und: Jelernt haste nu eenmal dit!
Doch am Zahltach haste dann schon wieder 'n leichtret Lachen
und bist für drei Tage mit dem Schicksal quitt.

    Na und, ick bin doch hier!
    Na und, ick mach hier Reifen!
    Na und, ick bin doch hier!
    Na und, ick mach hier Reifen!
    Is ja 'n dollet Ding! Wa?

Weeßte, ick wohne noch zuhause,
drei Schwestern hab ick und 'n Bruder ooch.
Und 'n Zimmer hab ick für mich janz alleene,
und wenn der Wecker klingelt, muß ich hoch.
Zu essen krieg ich noch von Muttern,
dafür zahl ick zweehundert Mark an ihr.
Aber manchmal jeh ick ooch nach Arbeet futtern:
mal wird's vürnehm und mal Currywurscht mit Bier.
Und abends jeh ick jerne schwoofen,
alle drei Wochen nur, wejen de Schicht.
Aber meistens kommt da nischt zu loofen,
ick gloob, ick bin zu blaß in mein' Jesicht.

    Aber, ick bin doch hier!
    Und ick mach hier Reifen!
    Aber, ick bin doch hier!
    Und manchmal kann ick ma schon selber nich begreifen!
    Is ja 'n dollet Ding! Wa?

In der Brigade bin ick die einzje Frau,
Det is nich leicht, det kannste wiss'n!
Wat die jern wolln, weeß ick schon schön jenau,
und wenn et Ärger jab, hab ick ma durchjebiss'n.
Nur eenmal bin ick weich jeword'n:
der hat ma ooch jedrängt, der Hund!
Der hat ma so jestreichelt anne Ohrn
und hat ma vill vasprochen mit 'n Mund (womit 'n sonst?).

Und denn hat er kurz mal abjeschloss'n.
Det war nich schön, so uff 'n Tisch und so.
Mit seine Kumpels hat er dann den »Sieg« bejoss'n;
ick hab jeheult, jekotzt hab ick uff Klo.

    Aber, ick bin noch hier!
    Und ick mach hier Reifen!
    Aber, ick bin noch hier!
    Und ick mach hier Reifen.
    Is ja 'n dollet Ding! Wa?

Meistens krieg ick bei der Arbeit Träume:
dit Rumpeln wird Klaviermusik.
Der Jummistunk wird Blütenduft mit Bäume,
und die Blätter tanzen übern blauen See.
Der Meister is 'n falscher König,
die Pförtnerin die jute Fee.
Die Uhrenzeiger zeigen höhnisch,
daß ick det Dornjebüsch ooch seh,
det mich mit seinem Stachelwall
hier hält, bis mich der Prinz einst küßt.
Ick suche ihn schon überall
und mein', daß er nun mal bald kommen müßt.

    Aber, ick bin noch hier!
    Und ick mach hier Reifen!
    Aber, ick bin noch hier!
    Und manch eener kann ma nich begreifen!
    Is ja 'n dollet Ding! Wa?

Und mit 'ner Freundin schreib ick 'n Roman.
Wenn der mal fertig is, Mensch, dann kannste mal
                                 sehn,
wat so 'ne kleene Manumaus so allet kann.
Dann is die plötzlich jarnich mehr so kleen!
Und der Roman is nämlich Sience Fiction,
und Liebe is natürlich ooch mit drin!
Dann fällste um vor Staun', du kieckst ja jetzt schon
wie von 'ner Ochsenschau der Hauptjewinn.
Und in dem Buch, da steht ooch wat mit Reifen,

da wer'n die automatisch herjestellt.
Da träum ick von, det wirste doch begreif'n.
Mensch, dit wär doch die Welt:

Die Stahljungs würden für mich schuft'n,
und Neesn krieg'n die jar nich erst mit ran.
Ick könnt in aller Ruhe mir vaduften
und schrieb darüber gleich noch mal 'n Roman!

Aber, ick bin noch hier!
Aber, ick mach hier Reifen!
Aber, ick bin noch hier!
Na! Und ick mach hier Reif'n!
Is ja 'n dollet Ding! Wa?

Manu macht die riesenrunden Reifen
in der Reifenbude an der Spree.
Daß det wichtig is, kann jeder leicht begreif'n,
wenn er mit sein' Trabbi will zur See
fahrn im Sommer, und er braucht so 'n Jummi
und kricht 'n nich, dann steht er da wie Bummi.
Und daß er welche kricht, klotzt Manu eben ran.
Und da staunt die Welt, wat Manu allet kann:

Mensch, die is doch hier!
Und die macht hier Reifen!
Mensch, die is doch hier!
Und die kann sich schon janz jut begreifen!
Mensch, die is doch hier!
Na, und die macht hier Reifen!
Mensch, die is doch hier!
Und manch einer kann sich schon begreifen!
Ist ja 'n dollet Ding! Wa?

(1982)

SUSANNE GRÜTZ · HUBERTUS SCHMIDT
Teer und Sahne mischen

»Als ich Susanne kennenlernte, wollte sie Sängerin werden — kompromißlos. Welche Gier auf die nächste Probe! Und das nicht einer Stimme wegen, nicht um schöner Klänge willen, sondern um etwas mitzuteilen…«   *Hubertus Schmidt*

»Es gab erst einmal einen Hubertus Schmidt, der machte außer der übrigen Zeit Musik und Musik. Jetzt musizieren er und ich — außer der übrigen Zeit.«   *Susanne Grütz*

Die Geschichte vom Anfang dieser beiden, vom ersten Treffen, den Tagen und Monaten danach, habe ich zweimal gehört. Einmal so und dann etwas verändert. Dazwischen lagen zwei Jahre, recht erfolgreiche Jahre. Jedoch die Geschichte ihres Kennenlernens könnte romantische Naturen ins Schwelgen versetzen: Ein junger, aufstrebender Komponist begegnet rein zufällig in einem Leipziger Klub einer zierlichen Schneiderin, die sich in einer kleinen Rolle eines Amateurtheaters versucht. Sie kommen ins Gespräch, beide finden Gefallen aneinander. — An dieser Stelle sei eine Zäsur erlaubt. Die romantischen Naturen können das Bild noch ausschmücken, für die anderen Leser geht es gleich weiter mit nüchternen Informationen über das Duo, das seine Auftritte heute im Rahmen des Liedtheaters SCHMIDT ODER SO (mit über zehn verschiedenen Programmen) bestreitet.

Hubertus Schmidt studierte von 1972 bis 1977 an der Musikhochschule »Felix Mendelssohn Bartholdy« in Leipzig die Fächer

Komposition und Korrepetition, komponierte da schon fleißig für junge Interpreten, überwiegend auch Studenten, was ihm 1974 bei den 2. Chansontagen besondere Beachtung eintrug.

Schmidt sah sich zunächst ausschließlich als Komponist, so zum Beispiel für die damals noch gänzlich unbekannte Eva-Maria Pieckert, für die in Zusammenarbeit mit dem Texter Andreas Reimann ein ganzes Programm entstand. Mit Reimann verbindet Schmidt eine bis zum Jahr 1971 zurückgehende Freundschaft, eine beständige künstlerische Zusammenarbeit.

Aber beim Komponieren ist es bekanntlich nicht geblieben. In einem Artikel las ich von »Zufällen und von Ermunterung durch Freunde«, die Hubertus Schmidt 1980 veranlaßten, mit eigener Stimme eigene Kompositionen zu Gehör zu bringen. Ein kleiner Schuß Extrovertiertheit und natürlich Veranlagung mögen dabei wohl auch im Spiel gewesen sein. Noch heute ist er bei der Frage, was ihm letztlich die größte Freude bereitet, unentschlossen. Wichtiger ist auch festzustellen, daß er zu den Texten sehr unterschiedlicher Autoren klare, tragende Melodien (dazu gleich mehr) findet und seine Lieder mit Hingabe singt. Voluminös, beinahe bebend seine Stimme, manchmal mit einem skurrilen Akzent. Was hier künstlerischer Stil ist, was unverfälschte Selbsteinbringung, sei dahingestellt. Seine ersten Chanson-Programme *Glashaus* und *Selbstredend*, später *Galgenlieder* (nach Christian Morgenstern und im Verein mit Dietmar Voigt) bestachen durch ihren Witz, ihre Vitalität. Was die Kompositionen betrifft, so findet Schmidt sich am besten in einer früheren Rezension verstanden, die auch bei leichten und heiteren Tonfolgen einen Hauch von Wehmut erspürte.

Wenn man bedenkt, daß in diese Zeit erster eigener Programme noch die Arbeit an der Kinderoper *Der Drache Drax* (Libretto Reimann) fällt und die Tätigkeit als musikalischer Leiter des Poetischen Theaters »Louis Fürnberg« der Karl-Marx-Universität Leipzig, gewinnt man einen Eindruck von der enormen Kreativität des jungen Musikers, auch von seiner Bedeutung für die Leipziger Liedszene schlechthin.

Und dann trat Susanne Grütz in sein Leben. Beider erstes Programm, *... und sage gar, was mein Begehren ist*, war ganz bestimmt von der glücklichen Verbindung zusammenlaufender

Sehnsüchte. Lieder, Szenen – Freude, Trauer. Waren es zunächst Texte von Prevert, Dylan Thomas, Dege, de Kock und natürlich Reimann, so standen 1987 im Programm *Café Knax* Grasshoff, Reimann und Ringelnatz im Vordergrund. Also wieder ein Sammelsurium, aber schon mit deutlicher Tendenz zu einer geschlossenen Fabel. Hubertus als »schlaksiger Bürgerschreck«, Susanne als »begehrenswerter Kußmund« agieren zunächst in abgegrenzten Rollen, entscheiden sich dann aber dafür, Teer und Sahne zu vermischen, um in diesem »Kammerspiel« (in erster Linie für kleine Räume gedacht) auch andere Personen und Situationen darstellen zu können.

Ihr Ziel ist aber eine durchgehende Geschichte von einem Autoren. Andreas Reimann sitzt an einer Idee *der* beiden, das Duo Sonnenschirm sitzt an einer eigenen Idee *für* die beiden. Trotz der mitunter noch etwas umständlichen Verbindung verwendeter Textvorlagen ist das *Café Knax* durchaus als gelungener Zwischenschritt zu diesem Ziel zu bewerten. An den einführenden Szenen feilte der Schauspieler Wilfried Keindorf, zur musikalischen Bereicherung des Programms trägt ohne Zweifel der Gitarrist Sigmund Kiesant bei, der auch für die weitere Arbeit zur Verfügung steht. Ein wichtiges Element dieses wie auch früherer Programme ist der Humor. Ein Umstand, der das Duo Schmidt/Grütz wohl deutlich von anderen Interpreten unterscheidet. Die Leute sollen lachen. Aber dieses Lachen läuft nicht ins Leere. Irgendwo bleibt der kehlige Laut hängen, im besten Falle in einer verrosteten Gehirnwindung: Lachen als Teil von Emotionen, Emotionen als Teil der kritischen Hinterfragung des eigenen Verhaltens. Eine Vielzahl von kleinen Geschichten wird dem Zuschauer präsentiert, bissig serviert, überzogen, oft mit einer gehörigen Portion schwarzem Humor. Dazu Hubertus Schmidt: »Natürlich sind die Geschichten durch die Autoren literarisch überhöht, herausgehoben aus der Wirklichkeit, aber sie haben durchaus einen realen Hintergrund. Die Geschichte von den eifrigen Artisten, von der Sensationslust der Passanten auf der Straße, vom unbemerkten Selbstmord in der Kneipe wirken sonderbar, aber wieviel Realität steckt doch in ihnen.«

Und da gibt es noch eine Unternehmung, die die »Schmidts« fast nebenbei und doch mit großem Engagement betreiben. In

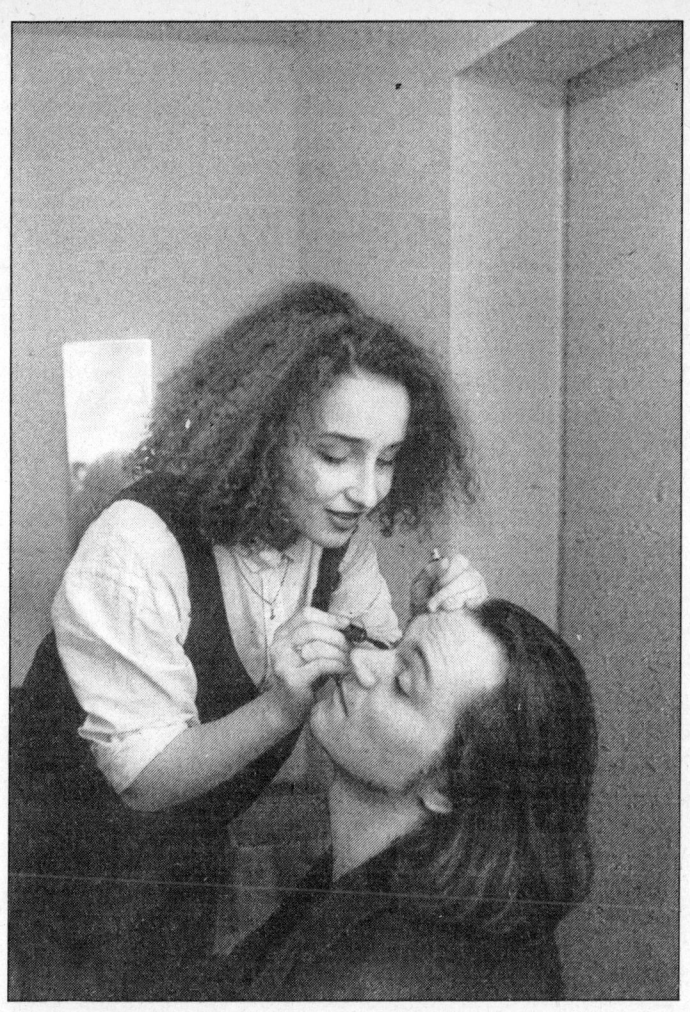

einem ehemaligen Kabarett, das lange Zeit leer stand, eröffne-
ten sie die »Leipziger Überbühne«. Hier stellen sie jeweils einmal
im Monat an zwei aufeinander folgenden Tagen ihre Gäste vor,
Lieder- und Chanson-Interpreten. Dabei bemühen sie sich um
eine Präsentation, die anders ist als eine normale Ansage, abge-

hen soll vom weitverbreiteten Nummernprogramm. Durch eine sinnvolle Auswahl der Gäste, durch Szenen und kleine Lieder, die sie selbst beisteuern, ist hier eine Veranstaltung entstanden, die nicht nur beliebt ist, sondern auch Nachahmer finden sollte.

W. B.

Andreas Reimann

Und sprach des Noah Weib

Da sag ich wohl vom Wasser, daß es steigt,
wenn deine Liebe nur noch mich betrifft,
als hätte ich mit meiner Unterschrift
den Damm errichtet und dich abgezweigt
von deinen Quellen mit geschickten Küssen:
Ich aber möchte nicht nur dich nicht missen.

    Komm, bauen wir uns eine Arche,
    da sind wir auf engstem Raum
    zusammen mit Menschlein und Tieren
    und meinem geretteten Mondpflaumenbaum.

Doch sei das Schiff zugleich so groß und breit,
daß du mich drauf nur findest, wenn du suchst,
und daß auch jenem, den du ungern buchst,
ein Platz verbleibt für seine Eigenheit.
Denn zwar empfingst du wohl der Gnade reichlich,
doch bist du nur wie jeder: unvergleichlich.

    Komm, bauen wir uns eine Arche,
    doch hack nicht die Bäume kaputt,
    grabe sie aus den Wurzeln,
    um einst sie zu pflanzen in Schotter und Schutt.

Und bau mir das Gehäuse auf am Strand,
damit die Flut es möglichst schnell erreicht.
Und was da krabbelt, zappelt, faucht und kreischt,
was grünt und blüht, hat dann ein Vaterland
auf diesem Grund, weil unvermeidlich wäre
die Toleranz auf dieser schönen Fähre.

Komm, bauen wir uns eine Arche
mit aller Vernunft unsrer Angst.
Und dann wird das Wunder geschehen,
wenn du es von uns nur verlangst:

Dann schaffst Du's, daß der Waffenberg sich neigt
und stürzt allmählich in den Ozean.
Und endlich schwimmt sich frei der schwere Kahn.
Da sag ich gern vom Wasser, daß es steigt.

(1985)

Andreas Reimann

Lied fürs Klassentreffen

Was ist aus euch geworden,
Kumpane für und für?
Der eine bäckt jetzt Torten,
der andre spielt Klavier.
Der Dritte, der baut Häuser
(und besser die, als gar kein Loch).
Vier ist jetzt Platzanweiser,
der war doch wo, wo war der doch?

Was ist aus euch geworden,
Kumpane vielerlei?
Der eine ist im Norden,
der andere in der Partei.
Der Dritte ist verschuldet,
der Vierte deutet Freude an,
weil ihn sein Auto duldet,
und Fünf spielt schlecht den Ehemann.

Was ist aus euch geworden,
Kumpane aller Art?
An einem hängt ein Orden,
am andern hängt ein Bart.
Dem Dritten hängt ein Tränchen
Am Lide, weil die Welt so barsch,

der Vierte hängt sein Fähnchen
hoch in den Wind aus jedem Arsch.

Das ist aus uns geworden,
die wir schon lang vorm End
die frühren Sätze morden,
daß man uns nicht erkennt.
Kommt, sauft vom roten Weine,
daß einmal noch ihr Tuba blast.
Und dann laßt mich alleine,
solang ihr euch alleine laßt.

(1984)

GERHARD GUNDERMANN
… trainieren für die Revolution

Manchmal stockt er mitten im Satz oder fängt ihn gar nicht erst an — sucht nach der gültigen Formulierung oder Erklärung. Er kann herrlich herzhaft lachen, obwohl — oder vielleicht: weil — er im selben Moment von seinem Betrieb, dem VEB Braunkohlenwerk Welzow, knallharte Sachen erzählt. Die hätten ihn und seine Kollegen längst verbissen machen müssen, meint man als Außenstehender. Seine Träume aber können ihm all die kleinen und großen Probleme offenbar nicht nehmen.

»Gundi« Gundermann ist Jahrgang 1955, »Chef« und Kopf der BRIGADE FEUERSTEIN, und seit 1975 »in der Kohle«. Heute ist er Maschinist für Tagebaugroßgeräte/Baggerfahrer, angefangen hat er damals als Ungelernter.

Was war es eigentlich, das dich für Lieder interessiert hat?

»Von der 7. Klasse an hatte ich in Hoyerswerda einen Freund, der Gitarre spielen konnte. Das hat mir gefallen, und ich wollte das auch lernen. Er hat dann mit redlichem Eifer versucht, mir einiges beizubringen — und ich habe zwei Jahre *House in New Orleans* geübt. Außerdem gab es in unserer Schule — der 14. Oberschule — eine Lehrerin, deren Klassen jeweils fast vollständig den Singeklub stellten. Da habe ich mitgemacht, und wir haben immer viel unternommen. Das ist die ideale Frau für den ersten Schritt gewesen. Gesungen haben wir alles, was die bekannten Klubs sangen: *Schaut in unsere Lesebücher* von SPARTAKUS oder *Chile tanzt* beispielsweise. Und schon damals versuchte ich, selber Lieder zu schreiben. Warum, kann ich nicht so genau sagen. Vielleicht aus Geltungsbedürfnis. Als dann die Magister-Brüder weg waren, suchte der SINGEKLUB HOYERSWERDA Nachwuchs. Ich war damals auf der EOS und bin zunächst als Schriftführer in den Klub aufgenommen worden, stand also höchstens ganz hinten auf der Bühne. Als irgendwann dann unser Schlagzeuger ausfiel, hab' ich meine Chance gewittert.«

Hatten die drei Magister-Brüder eigentlich damals in deiner Schulsingeklubzeit für dich eine Bedeutung?

»Ja, sie waren unsere großen Vorbilder. Ich erinnere mich noch ganz genau: Mit meinem Singeklub war ich mal in einer HOPKOOP-Veranstaltung (HOYERSWERDA-OKTOBERKLUB-PASAREMOS-KOOPERATION). Da standen Reinhold Andert vom OKTOBERKLUB, PASAREMOS aus Dresden und der SINGEKLUB HOYERSWERDA, damals noch mit Udo Magister, gemeinsam auf der Bühne. Das war's!«

Wieso, was war das Besondere daran?

»Jeder hat ›Seins‹ gesungen, und trotzdem hat es zusammengehört, war unter einem Hut. Da war eben das, was Singeklub heute auch noch ausmacht: eine demokratische Möglichkeit — ohne Stars. Und das schien für uns nachvollziehbar.«

Und weiter?

»1973 kam ich zur Armee, war an der Offiziershochschule Löbau. Dort war wiederum kein anderer da, und ich wurde Gitarrist des Singeklubs. War also wieder Lückenbüßer, aber das war ein entscheidender Schritt. Dort habe ich viel mehr geschrieben als zu Hause. Unter den für mich neuen Bedingungen konnten sich einfach Dinge entfalten, an die vorher nicht zu denken war. Komponiert habe ich, dreistimmige Satzgesänge ohne eine Note. Das waren richtig gute Sachen für den damaligen Maßstab. Wir machten in dieser Zeit auch Aufnahmen für den Rundfunk. Und meine Leute zu Hause sangen viele Lieder, die ich in Löbau geschrieben hatte. Was noch ganz wichtig war: wir organisierten große Veranstaltungen, zu denen die Soldaten zum Teil verpflichtet worden waren, aber schließlich nicht eher gingen, bevor von uns nicht mehrere Zugaben kamen.«

Apropos: Was das An-die-Leute-Bringen der Lieder betrifft, seid ihr, die BRIGADE FEUERSTEIN, ja ohnehin für eine besondere Art und Weise bekannt!

»Das war von vornherein eine konzeptionelle Frage. Nach meinen Erfahrungen aus Löbau fingen wir 1975 mit einer großen

Singe im Klubhaus an. Jeder sollte das, was er in seiner Freizeit macht, mit auf die Bühne bringen oder irgendwie anders in das Spektakel einbeziehen. Dahinter steckt: Die Leute sollen bei uns zu Gast sein. Wir sind die Gastgeber – das zieht sich als Grundmotivation durch alle Entwicklungsphasen.«

Power-Fabrik heißt euer Konzept derzeit und beinhaltet sechs — wie du es nennst — Bausteine. Dazu gehören Rock & Theater, Lieder, ein Kinderprogramm, Tanzmusik und »Hausdischko«. »Vier Stunden: schlimmes Theater + gefährliche Spiele + geklaute Musik = Power-Fabrik« — so steht es auf eurem Plakat. Warum ein derartiger Aufwand? Ist das Selbstbefriedigung oder Wirkungsnotwendigkeit?

»Auf einem Pressefest der ›Wahrheit‹ in Westberlin habe ich einmal gesehen, daß man Bier, Bockwurst und das Manifest an einem Stand verkaufen kann… Wir wollen keine Zustimmung, keinen Beifall. Aber wir wollen, daß sich die Leute für ein paar Stunden aus ihren (Schnecken-)Häusern heraus- und in unsere *Power-Fabrik* hineinbegeben. Wir wollen sie nicht zu einem Ziel führen, aber vielleicht mit ihnen zusammen an eine Kreuzung kommen, die uns Wege zeigt, die wir allein nicht gefunden hätten. Solche anstrengenden Sachen machen die Leute aber nicht mit jedem und nicht überall. Wenn wir eine Atmosphäre schaffen können, die den Saal zu unserem Wohnzimmer macht, wenn uns die Leute als Gastgeber akzeptieren, dann kann es funktionieren. Dann ist die *Power-Fabrik* in Betrieb, für uns alle. Wir sind Provokateure, wir wollen Bewegung — im Kopf und in den Beinen.«

Gundi, du bist Baggerfahrer im Schichtbetrieb mit allen Belastungen. Du hörst damit aber nicht auf, um Lieder und Programme zu schreiben, Veranstaltungen zu machen, 'rumzureisen und darüber hinaus Jüngere in Liedangelegenheiten zu beraten. Diese Zweigleisigkeit praktizierst du konsequent seit einem guten Dutzend Jahren, woraus wohl zu schließen ist, daß beides nur zusammen geht. Warum?

»Mit jedem Mal, da ich diese Frage beantworte, werde ich unsicherer. Klar ist: Die Arbeit, die ich mache, muß gemacht werden. Da kann man nicht einfach den Rücken drehen und gehen, vielleicht dahin, wo es leichter ist. Ich will es nicht besser haben als die anderen. Obwohl die Arbeit hart ist — wenn ich vierzehn Tage Urlaub hatte, zieht's mich wieder hin. Das ist schwer zu erklären. Lange habe ich gedacht, es ist nur die Arbeit, die ich brauche. Aber es sind auch die Leute, meine Kollegen. Was ich insbesondere jetzt merke, weil ich in eine andere

Schicht versetzt worden bin. Da habe ich ein paar Beziehungen verloren, die sich über zwölf Jahre aufgebaut hatten. Auf einmal fehlen sie mir. Und so nach und nach wurde auch akzeptiert, was ich mache, sie sind sogar zu den Konzerten gekommen.«

Das ist die eine Seite, und die andere?

»Ich will den Kopf 'rauskriegen und brauche es einfach, mal ein paar Tage weg zu sein, mit der Truppe. So wie jetzt gerade eine Woche in Akademgorodok in Nowosibirsk zu einem Festival des politischen Liedes. Ich will den Kopf aber auch richtig ›reinkriegen‹. Wenn der Satz stimmt: ›Der gesellschaftliche Fortschritt wird in den ökonomischen Verhältnissen produziert‹, dann hab' ich ja die Nase immer vorn. Aber ich will den Fortschritt nicht nur sehen, ich will ihn auch machen. Da habe ich meine Probleme. Ich habe nicht viel geschafft und bin ziemlich allein geblieben. Ein Grund: Ich bin ein schlechter Organisator. Der zweite: Zu wenig Leute haben gegenüber der Realität eine aktive Haltung. Ich versuche, eine solche aktive Haltung zu provozieren. Und außerdem: Indem ich andere ermuntere, ermuntere ich mich. Um Effektivität geht es, darum, daß man Aktivität nicht nur als Alibi nimmt. Nach dem Motto: ›Ich habe es doch versucht.‹ Wir müssen mit unserem Leben etwas anfangen und 'rauskriegen, was wir können und kein anderer. Ich muß wissen, was ich kann und kein anderer. Das ist für mich so der Punkt. Diese Stadt Hoyerswerda und die Betriebe – da ist ein ständig gleichlaufender Rhythmus. Wie ein Waffeleisen, das jeden Tag zuschlägt. Und da kommt immer dasselbe 'raus... Mich interessiert, was über das Waffeleisen drüberguckt. Und wie die Leute sich das erhalten, was da drüberguckt. Oder anders: Wie Individualität aufgebaut und behauptet wird.«

Kommen wir doch mal von deiner Arbeit in der Produktion weg, hin zu dem »zweiten Gleis«. Was können im eben besprochenen Sinne Lieder – und warum machst und brauchst du sie?

»Erst mal mache ich Lieder nicht unbedingt für andere Leute. Hier trifft auch zu, daß alles, was ich mache, ja immer auch für mich ist. Wenn ich anfange, über eine Frage nachzudenken – und daraus vielleicht ein Lied entsteht –, weiß ich am Anfang auch nicht mehr als andere. Wenn du eine Sache zu Kunst verarbeitest, schaffst du dir eine aktive Distanz dazu. Du bist ihr nicht mehr ausgeliefert. Du versuchst, dich von deinem unmittelbaren Arbeitsgebiet abzuheben und den Prozeß als ganzen zu erfassen. Damit auch deine eigene Rolle — in ihren Möglichkeiten und Potenzen. Du fragst dich, welche Chancen du in dieser Rolle hast. Hast du keine, nimm dir'n Strick oder eine andere Rolle. Um den Prozeß Arbeit in Kunst zu verwandeln, deshalb mach' ich das, und um die Distanz und den Überblick zu kriegen. Also — ohne Arbeit in der Produktion keine Kunst, keine Lieder. Insofern existiert ein Zusammenhang.«

»Vom Schattenboxen hängt mir schon die Zunge 'raus«, singst du in einem Lied. Könntest du deine Kraft und Ideen anstelle des »Schattenboxens« für etwas anderes einsetzen, wofür wäre das?

»Ich habe viele Biographien gelesen, Ehrenburg, Eisenstein, Schurz und andere. Die haben sich alle gekannt, haben sich gestritten und sich geholfen. Über den ganzen Erdball waren sie verteilt und doch miteinander verbunden. Nun sind die Giganten tot. Und wir müssen heute dieses zerrissene Netz neu aufbauen. Es muß so sicher werden, daß man darin die Erde auffangen kann, damit sie nicht runterfällt. Wer soll so ein Netz knüpfen? Wer ist in globalen Dimensionen miteinander verbunden? Die Arbeiter und die Künstler. Ich bin beides — ich fühle mich heute schon wie ein kleiner Knoten in diesem Netz. Ich arbeite zusammen mit einem vietnamesischen Elektriker und einem mocambiquanischen Schlosser, in der Hand einen polnischen Patentschraubenschlüssel, mit dem ich einem Sorben auf einer japanischen Raupe im chinesischen Arbeitsanzug Zeichen gebe, worauf der schreit, daß ich meinen Hintern in amerikanischen Jeans etwas schneller aus seiner Fahrtrichtung nehmen soll... Ich schalte das Radio an, Gina Pietsch spricht, Lutz Kerschowski singt. Ich lese in der Zeitung einen Artikel von Thomas Otto. Wir kennen uns, alles Leute aus der Singebewegung. Wir verlassen uns aufeinander. Natürlich ist das alles noch kein Netz, keine Dimension. Aber es ist der Anfang zu etwas, das Völkerverständigung heißen kann. Wenn man füreinander arbeitet, sich kennt, sich gegenseitig inspiriert, sich auftankt, dann ist Fortschritt möglich. Dann ist es möglich, das Netz eher fertig zu haben, als die Konflikte explodieren.«

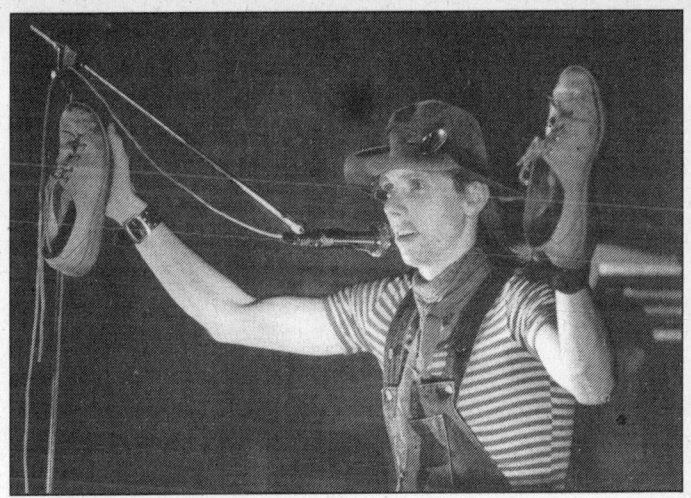

Müßte, um dieserart Träume zu realisieren, nicht doch das Liedermachen deine Profession sein?

»Ich habe ja nicht nur den einen Traum, Sänger zu sein. Eigentlich sind es fünf Träume. Also: Ich will *so* ein Arbeiter sein, wie ich mir das vorstelle. Ich will *so* ein Vater sein, wie ich noch lange keiner bin. Ich will *so'n* Mann sein und ein Sänger, und ich will *so'n* Ding zwischen Clown, Schreiber und Regisseur sein. Das alles geht aber nur – und nun muß ich darauf zurückkommen – in dieser Zweigleisigkeit. Das ist wie Motor und Getriebe. Der Motor ist das, was ich auf meinem Bagger mache. Und das Getriebe ist das, was ich mit der Gitarre mache. Manchmal kannst du mit dem Getriebe den Motor wieder anschmeißen. Aber erst einmal gibt es da so einen Primär-Sekundär-Effekt. Und Motor und Getriebe gehören zusammen. Jedes für sich allein ist nichts. So, wie ich das mache, kann ich es eben nur in diesem Umfeld. Was hier passiert, ist hochinteressant. Schon aus Neugier muß ich immer wieder hin. Ich will wissen, wohin sich das entwickelt. Ich investiere mich ja auch. Klar, manchmal bin ich schon neidisch auf andere Liedermacher, die mehr Möglichkeiten haben. Aber eigentlich gibt es keinen, bei dem ich sagen würde, mit dem möchtest du tauschen. Meine Idealvorstellung ist, daß ich gern beides je zur Hälfte machen würde: zehn Schichten auf dem Bagger und zehn Schichten in der Kultur. Doch ich könnte keines von beidem aufgeben.«

»Aber irgendwann kann man nicht mehr: Theaterspielen — nur aus Spaß und Laune, Lieder singen — nur, wie einem der Schnabel gewachsen ist, Texte schreiben — mit nichts weiter als dem ›gesunden Menschenverstand‹. Wir müßten uns mal qualifizieren. Aber die Frage Gitarre oder Stethoskop steht für uns nicht. Nicht mehr. Der Beruf ist zu wichtig geworden und zu sehr Teil von uns, als daß wir ihn noch aufgeben könnten. Einziger Weg also: Jeder sucht sich einen, seinen Sektor, wo er sich und die anderen von uns qualifiziert...« Das schreibst du in »Feuersteins Brigadeplan« 1982. Was ist dein Qualifizierungs-Sektor?

»Ich will jetzt, zwischen 30 und 40, noch einmal studieren. Philosophie oder Wissenschaftlichen Kommunismus oder Literatur, im Fernstudium natürlich. Auf der Liederstrecke im engeren Sinne kann ich mich nicht mehr qualifizieren. Ich werde nie besser Gitarre spielen. Mich reizt etwas anderes. Jeder Bereich des gesellschaftlichen Lebens ist zu einer kleinen, eigenen Welt geworden — mit eigenen Fragen und Antworten. Aber manchmal knobeln die in der einen Welt an einem Problem, das in der anderen lange gelöst ist. Das ist die Chance für die Pendler zwischen den Welten. Ardenne ist so einer. Der löst medizinische Probleme mit physikalischen Formeln. Ich will auch so einer sein. Ich habe die Erfahrung gemacht, daß Probleme, die im gesellschaftswissenschaftlichen Bereich nur im Flüsterton angegangen werden, parallel in der Ökonomie schon lange geklärt worden sind. Daß da, wo sich Ökonomen ratlos den Nacken kratzen, parallel in der Kunst schon lange kühne Modelle existieren. Ich würde da gern etwas zueinander bringen. Aktionen meinerseits müßten also von all dem etwas haben:

Konzerte und Ideenkonferenzen,
zum Sehen, Hören und Anfassen,
zum Denken und zum Tanzen.
Ein Spielplatz,
auf dem wir für Demokratie
und Zukunft trainieren.«   P. S.

Gerhard Gundermann

hoy woy

hoy woy,
dir sind wir treu,
du blasse blume auf sand.
heiß, laut,
staubig und verbaut,
du schönste stadt hier im land.

deine grauen frauen werden schön,
wenn ihre männer abends auf nachtschicht gehn,
wenn sich die kumpels in die kohle stürzen,
tanzen sie auf dem ball der einsamen herzen.
eine steigt aus ihrem kleid,
bis uns morgens der wecker schreit,
dann schwebt sie ab in ihren bau,
doch vorher macht sie noch den himmel blau
über
hoy woy…

deine grauen kinder werden groß,
werden grün oder blau oder gar rot,
eins mußte ins gelbe elend einziehn,
eins sitzt oben, im goldnen berlin, –
hamse uns überall rausgeschmissen,
ham wir's mit der ganzen welt verschissen,
finden wir schutz in deinem beton
und trainieren für die revolution
in
hoy woy…

deine grauen häuser werden nicht bunt,
wir reiben uns an dir nur die pinsel wund.
deshalb gucken wir nicht mehr auf die wände,
sondern leuten auf gesichter und hände,
deshalb, daß wir augen haben,
die sich nicht ablenken lassen von fassaden,
deshalb können wir nie voll andacht stehn,

nein, wir müssen immer dahinter sehn,
wie in
hoy woy...

(1986)

Gerhard Gundermann

lohntag

heute bin ich hans im glück,
ich habe einen batzen geld
und schon manches gute stück
im kaufhaus dafür ausgewählt.

ich könnte kaufen eine kuh
oder, besser noch, ein schwein!
schön wär auch, ich käm dazu
und kriegte einen schleifstein.

ich habe einen batzen geld!
ich kriege dafür, was ich will!
ich habe dreimal nachgezählt —
ein herrliches gefühl.

ich könnte kaufen kuh und schwein,
stein und bein und schnick und schnack, —
aber nein, ich laß es sein,
ich schlepp mich doch nicht ab.

in der hand, der batzen geld,
ist so leicht, fast kein gewicht.
ich krieg dafür die halbe welt —
aber ich will sie nicht.

so lauf ich unbeschwert nach haus
und geh mit meiner alten aus,
wir leben mal in saus und braus
und schmeißen's geld zum fenster raus.

und meine alte tankt sich voll,
und ist sie abends blitzeblau,

liebt sie mich im bett wie toll
und macht dabei radau.

träumen wir nach unserm glück
von einem großen batzen geld,
sagt sie, sie hätt schon manches stück
im kaufhaus ausgewählt.

(1982)

Gerhard Gundermann
lancelot *(zwischenbilanz)*

1   mein halbes leben steh ich an der weltzeituhr.
und ich bin nicht mehr so jung.
und ich warte und ich warte.
und die rote nelke trag ich immer noch am helm.
obwohl sie mir in
einem kalten winter verdorrte.

und diese zeitung halt ich noch in der hand,
obwohl ich sie schon nicht mehr lesen kann.
und starre in den nebel —
wann kommt der mann,
der mir sagt: wir brauchen dich,
jetzt bist du dran!

und ich weiß nicht, ob ich noch springen kann,
bis an eine kehle.
und ich weiß nicht, ob ich noch singen kann,
bis in eine seele.
und ich weiß nicht, ob ich noch starten kann,
bis in die welt.
und ich weiß nicht, ob ich noch warten kann,
bis die welt mich zählt.

2   vom schattenboxen hängt mir schon die zunge raus.
ich zittre vor den witzen
der feiglinge und spötter.
und hol die rosinante immer wieder raus

zum letzten gefecht
gegen die götter.

der motor meiner rosinante tuckert leis,
wir beide machen uns im leerlauf heiß,
wir beide warten
auf grünes licht.
für uns beide
kommt es nicht.

und ich weiß nicht...

3   von kalten duschen gehen mir die haare aus.
ich fühle mich zerschlagen
und weiß nicht, von was.
heut vergeß ich meinen namen, heut verbrenn ich
mein haus,
heut hör ich auf zu klagen,
heut geb ich gas.

langsam überrolle ich den roten strich,
niemand fragt und niemand schickt mich,
niemand hat mir weg und ziel genannt.
nur die drachen hör ich lachen
im niemandsland.

und ich weiß nicht...

(1986)

DETLEF HÖROLD
Für und Wider

Es gibt ein Lied, das seinen Namen sofort assoziieren läßt. Es verkehrt die Welt und erzählt von Trennungsabsichten zweier Geschwisterkinder, für die die Frage steht, wer welches Elternteil »nimmt«. Der es singt, ist verheiratet, Vater zweier Kinder, lebt als gebürtiger Hallenser in Halle/Neustadt. In diesem wenig poetischen Umfeld schreibt er seit Anfang der 80er Jahre Musiken und manchmal auch Texte – Lieder, die er mit Keyboard-Tasten und Akkordeon-Knöpfen vor dem Bauch und mit einigen Requisiten spielend (z. B. dem immer nickenden »Kollegen« Luftballon) vorträgt. *Wider* negative Klischees über Neubaugebiete – manche funktionieren, weil er sie da*für* benutzt –, *für* aufmerksames Miteinander-Umgehen und Aktivität. Sollte einem hier der berühmt-berüchtigte »Zeigefinger« in den Sinn kommen, hängt das vielleicht damit zusammen, daß Detlef sich über Jahre zumindest theoretisch mit Didaktik beschäftigt hat: Er ist diplomierter Lehrer für Geschichte und Staatsbürgerkunde, blieb nach dem Studium aber an der Hallenser Universität und legte im Herbst 1984 »– nach langem Überlegen – das Manuskript der halbfertigen Dissertation in die unterste Schublade seines Schreibtisches und fing ›ganz von vorne‹ an. Sein erster Soloabend trägt aber nicht von ungefähr den Titel *Gar nichts ist umsonst gewesen…*« (Hörold)

Nach intensivem Nachdenken über Wirkungsmöglichkeiten von Wissenschaft einerseits und Kunst andererseits entschied sich Detlef also *wider* Bibliotheken und Vorlesungssäle *fürs* Liedermachen, *für* nicht selten täglich und nächtlich Hunderte Kilometer im Auto und *fürs* Singen vor anfangs meist zwanzig bis dreißig Leuten. »Aber das waren Leute, die mitdachten, mit denen ich reden konnte.« Und das genoß er nach elf Jahren Tanzmusik in einer Amateurrockkapelle und der Illusion, jungen Leuten AC/DC auszureden und sie beispielsweise mit Joe Cocker zu bekehren, was nicht klappen konnte.

1985 kam Detlef Hörold – damals als ein selbst für Insider fast unbeschriebenes Blatt – zum nationalen Liederleute-Treffen nach Frankfurt/Oder, trat »mit zitternden Knien« auf die Bühne, und sein Keyboard streikte. Denkbar *widrig* für einen Wettbewerbskandidaten, mag man meinen – Detlef aber griff zum Akkordeon, das ansonsten nur eine »Nebenrolle« spielt, und nahm den Saal voller Fachleute und Kollegen *für* sich ein. Die stimmige, sparsam szenische Interpretation seiner Lieder (alle Kompositionen: Hörold, nach Texten von Ralf Grüneberger – z. B. *Der Mieter 08-14*, Klaus Möckel – anfangs erwähnte *Scheidung* u. a.) brachte ihm den 3. Preis der 8. Chansontage und damit größere Aufmerksamkeit der Medien.

Zwei Jahre später bereits – zu den 9. – hat er in Frankfurt in der Veranstaltungsreihe »Anlauf« Neulinge präsentiert. Er zeigte in kleinsten Rollen als Feuerwehrmann, Inspizient und anderes sein komödiantisches Talent und schuf für bis dato wirklich »unbeschriebene Blätter« liebevoll eine Atmosphäre hinter und auf der Bühne, die deren Lieder größer werden ließ. Wieder rundum ein Erfolg – für Detlef den Preis des Zentralrats der FDJ und für das »Anlauf«-Kollektiv eine Auszeichnungsreise.

Am Beginn des Abends *Für und Wider – nicht nur Lieder* mit Detlef Hörold steht das »Morgengebet« Christian Ferdinand Oettingers aus dem 18. Jahrhundert:

> O Herr, gib mir die Gelassenheit,
> Dinge hinzunehmen, die ich nicht ändern kann.
> Gib mir den Mut,
> Dinge zu ändern, die ich ändern kann.
> Und gib mir die Weisheit,
> das eine vom anderen zu unterscheiden.

Am Schluß bleiben: Morgen, Gelassenheit, Mut und Weisheit, wovon seine Lieder soviel wie möglich mitgeben sollen.

Das dritte Hörold-Programm heißt *Zerbrechlich wie Stahl*, es besteht wiederum aus Liedern, Gesprochenem und kleinen Szenen und baut mehr als vorher – auch bestärkt durch den »Anlauf« – auf seine humorig-satirische Seite. Hörold hat Texte von Andreas Reimann, mit dem er sehr eng zusammenarbeitet, von

Jürgen Eger, André Brie, Klaus-Peter Schwarz und auch ein paar eigene vertont, die zum Teil während der LIEDERCIRCUS-Tournee im Mai/Juni '88 zu hören sind.

Heut bin ich voller Übermut und auch ein bißchen frech! — sein Programm *für* Kinder, in dem er *wider* didaktische Zwänge viel improvisiert, läuft und läuft, manchmal mit bis zu 800 begeisterten »kleinen Menschen« im Saal. Vielleicht ist an ihm doch ein guter Lehrer verlorengegangen…!

P. S.

Andreas Reimann

Unsre Bescheidenen

Die keinerlei Auskunft verlangen,
wohin sich die Karre bewegt,
die ohne Erwartung noch Bangen
aufstehn, wenn der Wecker sie schlägt,
Putzteufel der Autos und Schuhe,
die klagen: Hier ist ja nichts los!
und kreischen: Wir wolln unsre Ruhe!:
Also, was wolln die denn bloß?

    Die Wasser verlaufen im Sande,
    und bald lernt der Sand halt die Kunst des Verzichts
    wie die Bescheidenen im Lande:
    Nie wolln sie alles, so kriegen sie nichts!

Die sagen: Was kann man schon machen?,
doch ich habs zu etwas gebracht!
Die jeglichen Schwachen verlachen
und folglich nicht reif sind zur Macht.
Die beten: Es sei uns beschieden
der Frieden und's große Los!
Und nöhlen: Ach, laßt uns in Frieden!:
Also, was wolln die denn bloß?

    Die Wasser verlaufen im Sande…
    Die Wasser verlaufen im Sande…

(1984)

Andreas Reimann

Du, bedeckt mit Alltagswunden,
festgefahrn im Einerlei,
ach, du fragst in Nebelstunden,
ob die Welt durchschaubar sei.
Kann dir nur zur Antwort geben:
Sieh die Winzer: Dann und wann,
wenn am Weinberg Nebel kleben,
zünden sie ein Feuer an.

Du, in Zweifel eingemeindet,
fragst, ob's besser könnte sein,
wärst du nur bedingt verfeindet
und nicht länger allgemein.
Fühlst du dich zur Welt gehörig
und nicht nur auf dich gestellt,
ist fürwahr die Frage töricht:
Wirst du besser, wird's die Welt.

(1987)

Detlef Hörold
Für Gregor II

Nun weiß ich es, wie's wirklich ist,
nicht nur vom Hörensagen.
Ich war bei deinem ersten Schrei,
mein Sohn, im Kreißsaal mit dabei.

Wie jagten Angst um euch und Glück
das Blut mir durch den Leib.
Hielt nur Muttis Hand, nicht mehr,
doch dazu brauchte sie mich sehr.

So unnütz-wertvoll hetzte ich
durch diese zähen Stunden.
Wie Lust wir uns gemeinsam gaben —
hätt' ich den Schmerz gern mitgetragen.

Nun schlafe ein, mein kleiner Sohn,
wachs aus der Unbeholfenheit.
Nie vergess' ich deinen ersten Schrei —
na ja, ich war dabei.

(1982)

BARBARA KELLERBAUER
Mich einmischen,
das habe ich immer gewollt

Freundlichkeit — davon ist immer wieder die Rede, gleich wann und in welchem Zusammenhang es um Barbara geht. Sie selbst führt Freundlichkeit auch immer wieder ins Feld — als das Wichtigste für ihr Leben, ihre Kunst. Zweifellos — Freundlichkeit strahlt sie aus, wenn sie auf der Bühne steht, singt, agiert, erzählt. Aber: Da ist mehr als nur unverbindlich daherkommendes Freundlichsein — zu spüren in aller Öffentlichkeit zumindest seit 1985. In diesem November gab es *Die lustigen Weiber vorm Wind* als Eröffnungsprogramm der 8. Tage des Chansons — neben anderen mit Barbara Kellerbauer. Erstaunte Kollegen und Fachleute erlebten eine selbstbewußte, souveräne Künstlerin, die — weg von Nettigkeiten und freundlichen Banalitäten einer »singenden Hausfrau« — mit klarer Sicht auf die Probleme einer Frau um die Vierzig kam.

»Als ganz junge Frau war ich der Meinung, daß ich mit meiner schönen Stimme gute Laune verbreiten sollte. Was, wie mir schien und lag, insbesondere mit Volksliedern zu praktizieren sei. Das habe ich dann am Anfang meiner Arbeit als Sängerin auch getan.« Obwohl Barbara während ihres Studiums an der Musikhochschule in Dresden bei PASAREMOS Singebewegung mitgemacht hatte, dort damals vorwiegend Eisler und Theodorakis sang, bestimmte doch ganz offensichtlich die Ende der 60er Jahre in den Anfängen stehende Ausbildung im Fach Chanson — »die vorwiegend auf Stimmbildung ausgerichtet war« — zunächst einmal ihre künstlerische Arbeit. Von 1970 bis 1972 sang sie beim ZENTRALEN ORCHESTER DER NVA und hatte damit einen Appa-

rat von 72 Musikern und feste Programmvorstellungen im Rük-
ken, was kaum Spielraum für die Entwicklung eines eigenen
Stils ließ. Das bewog sie, nach ihrer Absolventenzeit das Engagement zu beenden und mit eigener Gruppe zu arbeiten. »Das
hört sich heute so leicht an, war damals aber äußerst kompliziert. Denn anfangs konnte ich den Musikern keinerlei Sicherheit
bieten. Wir mußten zusammen am Punkt Null anfangen.«

»Fest verwurzelt, wie der Lebensbaum mit der Erde, entstanden in Jahrhunderten Lieder, eng verbunden mit dem Volke. Diesen Baum wollen wir pflegen und mit neuen Liedern für sein
Wachstum sorgen.« – So die Motivation für den Namen der ersten Gruppe um Barbara Kellerbauer: THUJA (botanische Bezeichnung für den immergrünen Lebensbaum). Sie formierte sie
1973 in Vorbereitung der X. Weltfestspiele in Berlin, und man
nahm sich programmatisch vor: »Der Setzling wird ein Baum.«
So eigenartig das heute alles klingen mag, Barbaras Interpretation einheimischer und internationaler Folklore wurde von vielen
angenommen und machte sie relativ schnell bekannt. Und bis
heute ist sie damit gefragt, auch im Ausland.

Dann, ein paar Jahre später, beschäftigt sich Barbara mit
Heinrich Heine, studiert Lieder von Brecht/Eisler/Weill ein. Und

erste »eigene« Chansons entstehen – mit Texten, die Heinz Kahlau und Gisela Steineckert für sie schreiben, später auch Wolfgang Tilgner, Kirsten Steineckert und Ed Stuhler, und Musiken, die in der Gruppe erarbeitet werden, manche von Barbara »erdacht«. »Die Fähigkeit, Texte für Lieder zu schreiben, habe ich nicht. Ich schreibe Ideen auf oder mache Nachdichtungen, und meine Zwischentexte sind von mir. Aber ich bin immer auf der Suche nach einem Texter, der Worte findet für das, was eben meinem Denken, meinem Wollen entspricht.«

Barbara Kellerbauer begreift sich viele Jahre als Interpretin von Chansons, die sie mit handwerklicher Genauigkeit, musikalisch wie darstellerisch akzentuiert auszudeuten vermag. Um so besser, je mehr und intensiver sie sich auch in deren Entstehungsprozeß einbringt – in langen Gesprächen mit Autoren, »die mich kennen, das ist eine Bedingung«. Jetzt – womit die anfänglich angedeuteten Veränderungen wohl auch zu tun haben – bezeichnet sie das, was sie singt, als Lieder. »Das kommt, weil ich inzwischen Bedenken bei dem Begriff ›Chanson‹ habe, der oft mit Antiquiertem und übertriebenen, aufgesetzten Gesten gleichgesetzt wird.«

»Man sucht schon Wärme statt der Glut«, singt eine Frau, Jahrgang 43, in ihrem jüngsten Programm *In der Mitte deines Weges* und erzählt von sich, von ihrem Weg, ihren Erlebnissen, von alltäglichen Beobachtungen über den Umgang miteinander. Sie hat einen erwachsenen Sohn und eine gerade mal siebenjährige Tochter, einen Mann und ein Haus mit Garten in Berlin-Kaulsdorf, das sie nur wenige Tage im Jahr hütet. Wenn sie Konzerte im Land gibt oder für mehrere Wochen irgendwo auf Tournee ist, dann ist es die Familie, die sich um alles mitkümmert. »So kann ich mit einer gewissen inneren Ruhe arbeiten, kann mich darauf verlassen, daß zu Hause alles läuft.«

Auch das verbirgt sich wohl hinter der »Suche nach Wärme«: »Als junger Mensch haben mich Freunde gelangweilt, die mich zu sehr in Sicherheit wiegten, wo nichts Aufregendes passierte. Da mußte alles Spannung haben. Ich mußte leiden und lieben, mich freuen und traurig sein – alles zusammen am besten in einem Moment. Inzwischen mache ich mir um ganz andere Sachen Gedanken, eben beispielsweise um Verläßlichkeit, und ich leide schon nicht mehr so gern. Tiefe Gefühle drehen sich nicht mehr nur um Partnerschaft – da ist viel mehr, und Wärme ist schon das richtige Wort.«

So etwa muß das auch in und mit Barbara Kellerbauers Truppe funktionieren, die als stabiles Kollektiv arbeitet: Petkow Datschew (Flöte, Saxophon, Piano, Akkordeon), Alfred Rapp (Kontrabaß, Tuba) und Torsten Jeratsch (Gitarre) – neun, sieben und vier Jahre dabei, nunmehr neben Alfred Rapp, Robert Kluge (Keyboards, Piano) und André Passenberger (Gitarre). Für ihre Musiker ist sie – im aufreibenden Konzertalltag ohne Frage wichtig – eine Art »Truppen-Mutter«, was sich (auf der Bühne) inzwischen aber weitgehend und wohltuend »vertanzt«. »Das hat zu einem großen Teil damit zu tun, daß ich meine sächsische Betulichkeit, die mir das Leben in Berlin anfangs wahnsinnig schwer gemacht hat, immer mehr abgelegt habe.«

Barbara Kellerbauer ist heute als eines der beiden weiblichen Leitungsmitglieder der Sektion Chanson/Liedermacher beim Komitee für Unterhaltungskunst auch für andere, für Kollegen, da. »Das halte ich für wichtig, weil ich es auch immer so erlebt habe. Das fing damit an, daß ich zum Lied gekommen bin, weil andere mir halfen. So einer meiner Lehrer, der mich als Zwickauer ›junges Talent‹ bestärkte, das Singen ernsthaft zu betreiben. Und auch später bin ich immer an Leute geraten, die mir in der Arbeit Partner waren und die Entwicklung von Programmen unterstützten.« Als Vertreterin der Sektion in der Zentralen Honorarkommission beim Ministerium für Kultur ist sie seit einiger Zeit mitverantwortlich dafür, ob und unter welchen Bedingungen (junge) Künstler, also auch Liedermacher, professionell arbeiten können – was, wie man sich vorstellen kann, kein Amt ist, das nur Freunde bringt.

Als es darum ging, jemanden zu finden, der sich um die kulturellen Belange im Wohngebiet kümmert, haben die Nachbarn Barbara Kellerbauer vorgeschlagen. Nun ist sie Abgeordnete des Kulturbundes in der Stadtbezirksversammlung Kaulsdorf und gestaltet zusammen mit anderen aus ihrem Kietz das öffentliche Leben mit. Als Moderatorin von Veranstaltungen (u. a. mehrere Jahre die »Liedfaßsäule« im Berliner Sport- und Erholungszentrum) und der Fernseh-Reihe »Lieder, Land und Leute«

präsentiert sie Kollegen. Ihr Resümee: »Ich muß allmählich auf-
passen, nicht zuviel zu machen. Aber danebenstehen und mek-
kern — das war eben noch nie meins!«

P. S.

Heinz Kahlau

Letzter Monolog

Ich habe heute nacht um uns geweint.
Du hast daneben tief und fest geschlafen.
Ich sah auf dein Gesicht und hab gemeint,
du würdest wach von Blicken, die dich trafen.
Seit sieben Jahren bin ich deine Frau.
Steh im Beruf, wie man so sagt, und mache
den Haushalt nebenbei. Nicht sehr genau,
denn auch die Kinder sind noch meine Sache.

Wenn ich am Spiegel steh und seh mich an,
das mach ich manchmal noch vorm Schlafengehn,
fragt mich mein Spiegelbild: Für welchen Mann
willst du noch alle Tage schön aussehn?
In der Abteilung sehn mir viele nach.
So mancher hätte gar nicht viel dagegen.
Doch du merkst nichts, bei dir liegt alles brach,
wir sind in unsrer Ehe nur Kollegen.

Ich denke oft, vielleicht betrügst du mich,
und bin zu müd, darüber nachzugrübeln.
Ich geh ins Bett und warte doch auf dich.
Das Warten ist das schlimmste von den Übeln.
Dann kommst du endlich, und ich weiß genau,
du kommst nach Hause, um gleich einzuschlafen.
Zu reden gibt es nichts mit deiner Frau.
Wofür willst du mich eigentlich bestrafen?

Ich kann mir denken, was dich hier noch hält:
Du wohnst hier gut, du kannst dein Frühstück essen,
und deine Frau verdient sich selbst ihr Geld,
und wenn du willst, kannst du uns leicht vergessen.
Die Kinder? Hör doch auf, du siehst sie kaum —

die Möbel, ja, die könntest du vermissen.
Ich selber? Daran denkst du nicht im Traum.
Ich nehme an, du wirst es selbst nicht wissen.

Du mußt in deinem Fach ein Könner sein,
sonst wärst du nicht so oft auf den Kongressen.
Ich bin seit Jahren schon mit mir allein,
und du hast nur noch die Berufsinteressen.
Noch bin ich jung, noch hat es einen Sinn,
noch ist es leichter, ohne dich zu leben.
Das kleine bißchen, das ich dir noch bin,
ist mir zu wenig, um mich aufzugeben.

(1972)

Gisela Steineckert

Da war doch eben noch ein Kind
in einer neuen Rolle
mit seiner Igeltolle
sieht er zu, daß die andern nicht anders sind

Will er Weiber verführn
harten Schnaps ausprobiern
hört Musik, die ich grade noch versteh
hat ne Sprache, daß ich lieber geh
kommt angerannt
rennt wieder raus
sieht in den Augen anders aus
und war doch eben noch ein Kind

Der war doch eben noch in mir
den hab ich doch genährt
die Fäustchen abgewehrt
der war so klein, so klein
der war so mein, so mein
das scheint vorbei zu sein

Der war doch eben noch ein Kind
der wollt die Schaukel schwingen

baumhoch und dazu singen
der hat immer nur ungern sein Pensum gelernt
weiß nicht, wen er jetzt liebt
welche Welt es da gibt
Meine Angst macht das Herz schnell und heiß
Aber Angst ist ja nie ein Beweis
ein falsches Wort, er sieht mich an
wie einer, der nicht reden kann
ich bin sternenweit entfernt

Der war doch eben noch in mir
den hab ich doch gestützt
den hab ich doch beschützt
der war so klein, so klein
der war so mein, so mein
das scheint vorbei zu sein

Der war doch eben noch ein Kind
nun lebt er anders gern
und sucht nach seinem Stern
Ich weiß, das muß so sein
Mein Sohn, so zart und klein
das scheint vorbei zu sein

(1985)

GERLINDE KEMPENDORFF
Zwischen Lachen und Weinen

Gerlinde kann wundervoll lachen. Selbst da merkt man, daß sie
eine ausgebildete Stimme hat. Allerdings lag zwischen dem, was
ihr Wesen ausmacht, und ihrem Auftreten bei ersten Chanson-
abenden zunächst eine erstaunliche Kluft: Heiterer, fast frecher
Habitus im Realen, spröde Unsicherheit auf der Bühne. Diese
Diskrepanz machte der Interpretin den Start ins Berufsleben
nicht gerade leicht. Die Frankfurter Chansontage, für andere das
Sprungbrett nach vorn, wurden für sie 1983 zur Fallgrube. Anderthalb Jahre Bühnenerfahrung hatte Gerlinde Kempendorff bei
diesem, ihrem ersten großen Auftritt, eine Zeitspanne, die für die
künstlerische Entwicklung eines Talentes, zumal einer Chansonsängerin, reichlich kurz bemessen war. Es gibt in der Unterhaltungskunst wenige Genres, bei denen Erfolg (oder Mißerfolg) so
sehr von Bühnenerfahrung, auch Selbsterfahrung, abhängig ist.
Hinzu kommt dann noch eine schier endlose Ahnengalerie »alter
Meister«: Piaf, Gréco, Brel, Aznavour, Becaud, May. Eine Reihe
klangvoller Namen, die leichter erdrückt, als beflügelt: »Am Anfang war ich durch diese Tradition sehr festgelegt. Chanson bedeutet für mich, daß sich jemand in einem festlichen Gewand
neben ein Klavier stellt und ernste Lieder schön singt.«

Dabei war Gerlindes Ausbildung an der Musikhochschule
»Hanns Eisler« in Berlin eher vielseitig angelegt: Gesang bei
Jenny Petra (Schlagersängerin), Jazzinterpretation bei Ruth
Hohmann, Chanson bei der Schauspielerin Lissy Tempelhof und
Sprecherziehung bei Joachim Hoyer. Alles das bewältigte sie
übrigens im Fernstudium, neben ihrer Arbeit als Musiklehrerin,

neben und mit der vierköpfigen Familie – ein nicht zu unterschätzender Rückhalt in schwierigen Zeiten. Ihre ersten Auftritte
als Sängerin hatte Gerlinde Mitte der siebziger Jahre im SONG-
KLUB FRIEDRICHSHAIN, der sich besonders dem traditionellen Arbei-
terlied verschrieben hatte. In diese Zeit, in der sie ihr Musikleh-
rerstudium an der Humboldt-Universität Berlin absolvierte, fällt
auch das erste Zusammentreffen mit Jörg Erdmann, der sie
noch heute am Klavier bzw. am Keyboard begleitet, die größte
Zahl ihrer Lieder vertont.

Das gemeinsame Debüt-Programm *Guten Tag, Liebe* entstand 1982 und war gleichzeitig Gerlindes Examen an der Musikhochschule. Resultat: Note I. Geschafft! Schön wär's...

»Wenn du denkst, nach dem Abschluß der Ausbildung passiert irgendwas, dann hast du dich geschnitten. Daran muß man
sich erst mal gewöhnen, daß nach dem Examen die Arbeit erst
beginnt. Da muß ein abendfüllendes Programm her und natürlich
Publikum. Das kommt ja nicht gleich in Scharen, nur weil eine
unbekannte Sängerin ihr erstes Konzert gibt.«

Also zunächst Auftrittsmöglichkeiten suchen, Veranstalter
interessieren, Zusammenstellung des neuen Programms: ein
paar Klassiker, etwas Heiteres, Schlagerchanson, Kabarett. Ver-
ständliches Durcheinander für den Anfang, für die Suche nach
dem persönlichen, unverwechselbaren Stil. Zu diesem Zweck
entstanden auch erste »eigene« Lieder mit Texten von Bärbel
Balke, später von Dietmar Halbhuber und Ditte Buchmann. Die
Bühne wurde zum Probier- und Bewährungsfeld. Und irgendwann glimmt in jedem Interpreten der Wunsch auf, erworbenes
Können einer Jury zu präsentieren...

Die Irritation nach dem negativen Beraterspruch bei den 83er
Chansontagen war groß. Beklemmungen auf der Bühne blieben
für Monate. Aber Gerlinde wäre nicht Gerlinde, wenn sie diese
Krise nicht überwunden hätte. Sie ist ehrgeizig, zielstrebig, und
zum Fleiß gesellte sich eine Portion Trotz. Sie arbeitete jetzt härter, diskutierte viel mit Freunden, vornehmlich Kollegen, legte
sich neu, genauer fest: Kabarett-Chanson.

Daß Gerlinde Kempendorff sich in dieser Zeit von ihrem an-
geheirateten Namen Wernicke trennte, den Mädchennamen wieder annahm, hatte in erster Linie etwas mit dem unbedingten

Willen zum Neuanfang zu tun. Sie nahm die Fäden fest in die Hand: künstlerische Ausstattung, Textauswahl, Werbung, Terminabsprache. Neuanfang mit neuer Konsequenz: endlich auch auf der Bühne lockere Freundlichkeit.

Zusammen mit dem erfahrenen Regisseur Friedel von Wangenheim brachte sie eine perfekte Show auf die Bühne, ein Programm mit Chansons der zwanziger Jahre, mit Namen *Irgendwie-irgendwo-irgendwann*. Unterstützt durch interessante Requisiten und Kleider dieser Zeit konnte Gerlinde von Lied zu Lied ihre Wandlungsfähigkeit, ihre Ausstrahlung und Vitalität unter Beweis stellen. Wedekind, Tucholsky, Mühsam standen neben eher leichterer Kost, wie etwa dem Chanson von der zersägten Dame und der Kleptomanin sowie dem Fritzi-Massary-Titel *Warum soll eine Frau kein Verhältnis haben*. Nicht nur, daß dieses Programm so etwas wie ein Durchbruch war, falls es hierzulande in diesem Genre überhaupt dergleichen geben kann, es war der erhoffte Beginn einer ganzen Reihe von erfolgreichen Chansonprogrammen. Die standen lange gleichwertig nebeneinander und hatten doch jeweils eine besondere Note, als Beispiele das eher leise Programm *... aber verzichten will ich darauf nicht* (1985) mit Texten von Wenzel, Kahlau, Hacks, Eva Strittmatter oder das Brecht-Programm von 1986.

Damit schien sie als vielseitige Interpretin, unterstützt durch einen begabten Pianisten (Jörg Erdmann zeigte unter Wangenheim auch seine darstellerischen Fähigkeiten), ihren relativ fest umrissenen Platz in der kleinen Chansonlandschaft der Republik gefunden zu haben. Um so überraschender kam noch im gleichen Jahr das Programm *Jazz und Lieder*, bei dem sich eine ganz andere Gerlinde Kempendorff ankündigte. Seit 1987 — es waren wieder mal Chansontage — tritt sie mit einer Begleitband auf in der Besetzung Keyboard, Schlagzeug, Gitarre, Baß/Cello und Saxophon. Wie sollte man die »neue« Musik nennen? Jazzig, swingig, rockig — sie ist wohl von allem etwas. Wichtiger war die veränderte inhaltliche Ausrichtung der Texte, der gelungene Versuch, sich Gegenwartsthemen und -problemen offen und kritisch zu nähern: »Gerade beim Kabarett-Programm habe ich gespürt, daß ein großer Teil meines Publikums verlernt hat, die feinen, aber wichtigen Zwischentöne in den Liedern zu erkennen.

Sie hörten nur die Schlager aus den zwanziger Jahren, haben sich darüber gefreut, aber die dahinterliegenden Probleme und Fragen wurden nicht gesehen. Mir ist es jedoch wichtig, einen Standpunkt zu beziehen, auch wenn es nicht immer leicht ist, noch dazu als Frau, diesen zu verteidigen.«

Daß dieses Bemühen nicht nur erkannt, sondern auch unterstützt wurde, belegt nicht nur, daß Gerlinde bei den 87er Chansontagen zu den Preisträgern gehörte, sondern auch die Tatsache, daß ihr erstes Programm mit eigener Band *(Splitter)* zunehmend bei jüngeren Leuten auf Interesse stößt. Jüngere Leute, die meist mit Veranstaltungen unter dem Begriff »Chanson« wenig anfangen können...

In diesem Zusammenhang soll nicht vergessen werden, daß Gerlinde Kempendorff in den zurückliegenden Jahren und auch heute noch, neben ihrem Beruf als Interpretin, das Unterrichten nicht ganz aufgegeben hat. Einige Stunden pro Woche gibt sie an der Musikschule Friedrichshain Gesangsstunden für den Nachwuchs. Stunden, die oft woanders fehlen, die ihr aber doch wichtig sind: »Das macht Spaß und ist erfrischend, weil ich höre, was sich bei den jungen Leuten tut. Leider kommen viele Sänger erst, wenn ihre Stimme schon einen Knacks weghat, aber mit intensiver Stimmbildung kann man noch eine Menge tun.«

Im ganzen gesehen und mit Blick auf die zurückliegenden sechs, sieben Jahre kann man wohl sagen, daß Gerlinde Kempendorff heute mehr Grund zum Lachen als zum Weinen hat. Sie selbst hat aber ihre eigene Meinung: »Ich stehe noch ganz am Anfang.«

W. B.

Ditte Buchmann

Geh ich jetzt nicht, geh ich nie

R.: Ich geh sofort, ich geh noch heute Nacht,
   bestimmt geh ich gleich morgen früh, nicht einen Tag mehr
   unter diesem Dach. Geh ich jetzt nicht, geh ich nie.

Nächtelange Gespräche bis zur Erschöpfung,
die sich doch immer nur im Kreise drehen.
Sinnlos wurde, woran wir einmal glaubten,
ich kann dich nicht mehr sehen und nicht verstehen.

R.: ...

Meine Arbeit zählt nur auf dem Konto. Ruhe will ich mal
und ein paar Tage allein zu Haus.
Mutter bin ich, Ehefrau, Geliebte, bin ich ehrlich,
oft will ich aus jeder Rolle raus.

R.: ...

Doch keiner kennt wie du all meine Fehler
und hat mir jeden so oft verziehen,
keinem kann ich so vertrauen wie dir,
ein Lächeln, und ich bleibe hier.

Die Angst vor dem Alleinsein schreckt mich immer mehr.
Wenn sich lieben heißt zusammen leben,
dann lebe ich am liebsten nur mit dir,
dann lebe ich am liebsten nur mit dir.

Ich geh sofort, ich geh noch heute Nacht,
bestimmt geh ich gleich morgen früh, nicht einen Tag mehr

unter diesem Dach. Geh ich jetzt nicht, ich gehe nie, ich gehe
nie, ich gehe nie.

(1987)

Wladimir Wyssotzki · dt. Reinhold Andert

Ich mag nicht

Ich will das Ende mir nicht selbst bereiten,
das pralle Leben hab' ich niemals satt,
doch mag ich keine von den Jahreszeiten,
wenn sie nur Schnaps und Krankheit für mich hat.

Ich hasse diese Zyniker, die kalten,
auch was die Schwärmer faseln, ist nur Mist.
Ich mag nicht, wenn der Brief, den ich erhalten,
erbrochen wurde und gelesen ist.

Ich hasse Wahrheit unklar und in Stücken,
wenn mir das Maul verstopft wird, mag ich nicht.
Auch heimtückische Schüsse in den Rücken
und die Pistole auf der Brust, die hasse ich.

Ich hasse, wenn man nach Gerüchten dürstet,
den Zweifel und den Ordensnadelstich.
Wenn man das Fell gegen den Strich mir bürstet,
auch Eisen über Glas, das hasse ich.

Zufriedne Schweine hass' ich, vollgefressen,
schon besser, wenn die Bremse mal blockiert.
Ich hasse, wenn die Ehre wird vergessen
und die Verleumdung allerorten triumphiert.

Kein Mitleid hab' ich, keinen Wunsch zu rächen,
wenn ein Romantiker zerbrochen ist.
Ich mag Gewalten nicht, noch mag ich Schwächen,
nur dauert mich das Kreuz von Jesus Christ.

Mich selbst hass' ich, seh ich mich feig taktieren,
doch duld' ich nicht, wenn schuldlos sich wer duckt.

Mich kotzt es an, will man mich provozieren
und hinterher die Seele mir bespuckt.

Ich mag Politclowns nicht und ihre Reden,
versprochen wird, gelobt und prophezeit,
die Zukunft wird gemalt als Garten Eden,
das alles hass' ich jetzt und allezeit.

(1987)

STEFAN KÖRBEL
Drum links muß sein ...

Er war — mit und neben Wenzel/Mensching — mit kurzen Unterbrechungen zehn Jahre lang einer von KARLS ENKEL. Anfang 1976 hatte er die Truppe mitbegründet, bevor die beiden überhaupt in Sicht waren. Im September '76 dann, als Körbel — nach mehreren fehlgeschlagenen Anläufen in Richtung Philosophie — an der Sektion Ästhetik/Kunstwissenschaft, Fachrichtung Kulturwissenschaft, der Humboldt-Universität Berlin immatrikuliert wurde, fand er Wenzel im selben Studienjahr und der mit Körbel und KARLS ENKEL Leute, die bereits das probierten, was er auch wollte: die Verbindung von Liedern mit Theater. Mit mehr als einem abendfüllenden Programm pro Jahr waren KARLS ENKEL außerordentlich produktiv und erreichten eine künstlerische Qualität, die bei intensiver kollektiver Arbeit die Entwicklung der Fähigkeiten eines jeden auf besondere Weise förderte und herausforderte. Sie sind aneinander gewachsen, und mit dem Kollektiv entwickelte sich die Souveränität jedes einzelnen. Auch die von Stefan. Er hat damals keine Texte geschrieben, aber allein und zusammen mit Rolf Fischer (Cello) viele der ENKEL-Musiken komponiert und arrangiert, die das Lied-Theater auch zu dem machten, was es war. Und er war einer der »Köpfe« von KARLS ENKEL, leistete zusammen mit Wenzel/Mensching die theoretische Vorarbeit für das auf die Bühne zu Bringende. Hier, wie im Studium, war Stefan — und ist es noch heute — ein streitbarer Partner, nach außen selten spontan, eher zurückhaltend, immer aber entschieden und bestimmt in seinen Äußerungen und Handlungen.

Stefan Körbel ist Jahrgang 1953, als Schüler an der Musikschule hat er Geige gelernt, nach dem Abitur bei der Armee
Tanzmusik gemacht und war Mitglied verschiedener Singeklubs,
so des Lyrik-Song-Clubs der Humboldt-Universität. Vor seinem
Studium arbeitete er Mitte der 70er Jahre beim Rundfunk als

Produzent in der Abteilung Künstlerisches Volksschaffen und zeichnete für politisches Lied verantwortlich. Seit Mitte 1986 produziert er wieder Lieder von und mit anderen im Rundfunk, jetzt in der inzwischen entstandenen Abteilung Jugendmusik, die versucht, die Grenzen der Mittsiebziger zu überschreiten, indem sie all die Musikgenres aufs Band bringt, die für junge Leute interessant sind. An »vorderster Front« stehen – noch dazu bei zunehmend mehr Sendungen mit Magazincharakter – Liedermacher und Chansoninterpreten nicht, aber sie sind gefragt, vor allem von Jugendlichen. Welche Chancen nun sieht der Produzent Körbel »mit dem Arbeitsgebiet Liedermacher und Angrenzendes« für »sein« Genre im Radio?

»Ich kann natürlich bestimmte Sachen von Liedermachern so produzieren, daß sie den Hörgewohnheiten, die in Magazinen bedient und erzeugt werden, entsprechen. Ich denke da an Torsten Schlingelhof oder Arno Schmidt, die sich mit pop- oder rockmusikalischen Ausdrucksmitteln umgeben. Das sind Versuche, die ich sehr interessant finde, und da sind wir produktionsmäßig auch dran. Aber das ist ja nur eine Seite des Liedermachers. Eine andere ist das, was im Lande massenhaft live passiert, was stärker Bühnen- und weniger Radiocharakter hat, was nicht so sehr vom Sound her gedacht wurde, sondern mehr vom unmittelbaren Erleben, vom ganz spezifischen Kommunikationsverhältnis, das Liedermacher-Abende haben. Wie läßt sich das im Rundfunk reproduzieren? Das ist natürlich eine schwierigere Frage, als etwa um einen Titel ein paar Arrangements zu ranken.«

Wie versuchst du diese »schwierige Frage« zu beantworten?

»Ich habe mich im letzten Jahr bemüht, all das, was vorhanden ist, mitzuschneiden, ohne darauf zu sehen, ob die klangliche Qualität des Gesamtabends nun für den Rundfunk besonders geeignet ist. Damit erst einmal die ganze Garde vorhanden ist, die in den Jahren davor etwas zu kurz gekommen war. Einfach, um den Redakteuren die Möglichkeit zu geben, in speziellen Sendungen eben Norbert Bischoff, Maike Nowak und alles, was es da an jungen Leuten und auch älteren gibt, vorzustellen. Auch um dann zu entscheiden, was sich davon für Studioproduktionen eignet.«

Und welche Möglichkeiten gibt es, neben der Übernahme vorhandener Lieder Neues in Auftrag zu geben, Leistungen zu initiieren?

»Bis jetzt habe ich in erster Linie versucht, alles zu dokumentieren. Für die nächste Zeit hoffe ich sehr, daß ich mich stärker auf bestimmte Leute konzentrieren kann. Das würde einschließen, daß dann das besondere Vermögen einzelner Kollegen stimuliert wird, indem man das herauskitzelt, was textlich, interpretatorisch und musikalisch wirklich drin ist. Das habe ich bis jetzt nicht geschafft.«

Seit Mitte '87 ist Stefan »nur« noch ab und an Rundfunk-Produzent. Viel Zeit, Kraft und Nerven hat 1987 die Mitarbeit an der *Sichel-Operette* (unter Leitung von Wenzel/Mensching) gefordert, und seit längerem hat er sich wieder einmal auf ein Solo-Programm konzentriert. Das Ergebnis: Preis der Sektion Chanson/Liedermacher des Komitees für Unterhaltungskunst für die beste Leistung im Wettbewerb der 9. Chansontage! Dieser steht für brisant-brillante, zeitgemäße zwanzig Minuten Körbel-Vertonungen von Klaus-Peter Schwarz, Gerhard Gundermann, Steffen Mensching und eines von Körbel bearbeiteten Brechts (*Neue Einheitsfront*), souverän neu gedacht und interpretiert mit seiner starken und sehr differenziert eingesetzten Stimme und mit einer handwerklich ausgezeichneten und äußerst musikantisch gespielten Gitarre. Ohne Zweifel der Höhepunkt seiner Arbeit als Liedermacher seit 1982.

1988 gibt es erstmals ein Körbel-Programm mit vorwiegend eigenen Texten – *Ketzerkalender* –, auf die Bühne gebracht mit »eigener« Saxophonistin. Daneben versucht sich Körbel in der '86 von ihm mitformierten Bolschewistischen Kurkapelle weiterhin am Saxophon und hat mindestens für 1988 seine Zusammenarbeit mit Gina Pietsch in *Der Mond war auch nicht zu vermeiden – Rudern, Gespräche mit Brecht* wieder aufgenommen.

P. S.

(mit Ausschnitten aus einem Interview von W. B.)

Steffen Mensching · Stefan Körbel

Nostalgie

Damals als wir Kinder waren
In den harten Nachkriegsjahren
Gab es prima Zuckerstangen
Wunderbare Gummischlangen
Russisch Brot und Negerküsse
Und gebrannte Haselnüsse
Gabs Herrn Herricht und Herrn Preil
Und der Pettycoat kam steil

Damals als wir Kinder waren
In den grauen Aufbaujahren
Gab es auch noch Buttermarken
Gabs genügend Platz zum Parken
Gute Filme von der DEFA
Mama wusch mit Hand und Fewa
Gab es Dreiecksbadehosen
Utopien und Prognosen

> Nostalgie, Nostalgie
> die schöne Zeit vergeß ich nie
> der Fortschritt ist ein Messer
> und fordert seinen Tribut
> Heute gehts uns immer besser
> Damals gings uns gut

Damals als wir Kinder waren
In den harten Nachkriegsjahren
Liefen wir auf Kokosmatten
Schlipse nannte man Krawatten
Schalensessel, Nierentisch
Richtiges Filet von richtigem Fisch
Und der Landesvater Walter
War ein kleiner kauziger Alter

Damals durften wir noch hoffen
Denn die Grenze war noch offen
Auf ein einig Vaterland

Damals lags in unsrer Hand
Auf'n Ferienflug zum Mond
Der das Russischlern' belohnt
Auf'ne Zukunft ohne Geld
Auf'ne runde rote Welt

    Nostalgie...

Damals als wir Kinder waren
In den schweren Aufbaujahren
Brausepulver, Erdbeersaft
Drei Sorten der Genossenschaft
Digedags und Helga Brauer
Der Verbrecher Adenauer
Und die Welt war uns so klar
Wie sie dann nie wieder war

    Nostalgie...

(1988)

Stefan Körbel

Samba

Und hinter den sieben Bergen
Und hinter dem Ozean
Kannst du dich vor mir verbergen
Ich komm nicht mehr an dich ran.
Was mir bleibt, ist deine Samba
Diese Samba, die Traurigkeit.
Als ob ich nicht selbst davon genug hab
Klaut sie mir meine Zeit.

Und in den Müggelbergen
Trainierten wir einst: Rekruten des Che
Vor ungefähr tausend Jahren
Sagten wir der Kindheit ade.
Patricia, vor tausend Jahren
In den Müggelbergen

Soldaten des Che.
Frag heut meinen Sohn nach Guevara
Längst vergangener Schnee.

(1986)

UDO MAGISTER
Wer nichts in Frage stellt, kann nichts ändern

Typisch und unverwechselbar — beides geht bei ihm zusammen. Er ist einer der typischen Liedermacher mit der Gitarre vor dem (allerdings nicht vorhandenen) Bauch, ohne Schminke und jegliches andere Drumherum. Und er singt Lieder und setzt (neuerdings) Texte sparsam in Szene, in denen er Charaktere, alltägliche Ereignisse und übergreifende Prozesse in seiner Sprache unverwechselbar zu zeichnen vermag — mit Worten und Tönen und mit seinem Gesicht.

Udo Magister ist Mitte Dreißig und steht seit zwanzig Jahren auf der Bühne, ein Drittel davon als »Einzelkämpfer«. »Als Texter, Komponist und Interpret in einer Person kann ich *meine* Sichten und Haltungen zur Diskussion stellen.« So sieht er es selbst.

Sich auszutauschen über die ganz individuellen Erfahrungen des Liedermachers, die dieser, wie jeder andere, im täglichen Miteinander in der Gesellschaft sammelt, unter den konkreten Bedingungen, die ihn umgeben und die er sich schafft, hält er überhaupt für das Wesentliche seiner Arbeit.

»Dabei ist es für mich als politischen Liedermacher das Wichtigste, aber auch das Schwerste, mein Auftreten, meine Lieder und meine Argumente stets einer selbstkritischen Prüfung zu unterziehen — mich zu fragen, ob ich meinem Grundsatz, in der Kritik konstruktiv zu sein, noch treu bin.« Udo hat Freunde, die ihm dabei kritische Hilfe leisten, und er praktiziert diese Prüfung in Gesprächen mit interessierten Leuten nach den Konzerten.

Begonnen hat es mit der Musik — wie bei so vielen anderen, Anfang der 50er Jahre geborenen Künstlern verschiedener Genres — mit den BEATLES und den STONES. Im zarten Knabenalter versuchte man sich an deren Hits, und auch Udo legte als Dreizehnjähriger los — zu Hause, zusammen mit seinen Brüdern Wolfgang, Jürgen und Uli. »Als dann ein paar Jahre später in Tageszeitungen gelegentlich Lieder zu finden waren, die sich auch als gut nachspielbar erwiesen«, praktizierten sie dies wieder ganz in Familie. »Die Texte dieser Lieder hatten direkt etwas mit uns selbst zu tun und sprachen uns unmittelbar an. Das waren die ersten Lieder des OKTOBERKLUBS.«

Kurze Zeit darauf — 1967 — gründeten die Magisters in ihrer Heimatstadt Hoyerswerda einen Singeklub, den Klub der Lessing-Oberschule, der neben dem Berliner OKTOBERKLUB und der Dresdner Gruppe PASAREMOS die Singe in deren »Sturm- und Drangzeit« bewegte — auch mit gemeinsamen, wenngleich sporadischen, Veranstaltungen, die als HOP-KOOP (vergl. Gundermann) in die Geschichte eingegangen sind. In der bildenden Kunst dokumentiert mit einem 1969 entstandenen Gemälde des Dresdners Peter Glomp, der als zentrale Figur seiner Diplomarbeit Udo Magister wählte. Jener fing — wie seine Brüder Jürgen und Uli — in dieser Zeit an, Musiken zu schreiben, zu Gisela Steineckerts *Ohne dich zu lieben* beispielsweise — ein Titel, der für viele Liebeslieder jener Jahre steht. Er entstand damals noch ohne kompositorisches Handwerk, das Udo zehn Jahre später erst erlernte. Damals, in der zweiten Hälfte der 70er, gab es einen speziell für junge Musiker der Singeszene eingerichteten Lehrgang für Komposition und Tonsatz, den Professor Wolfram Heicking von der Musikhochschule »Hanns Eisler« Berlin ins Leben rief und leitete — ein Mann, dem die Singebewegung nicht nur Kompositionen wie *Wir sind überall* zu verdanken hat.

1971 verließ Udo Hoyerswerda, um seinen NVA-Dienst zu leisten, war im Armee-Singeklub Strausberg — allerdings nach wie vor ohne Ambitionen, Texte zu verfassen. 1974 wurde er an der Humboldt-Universität, Fachrichtung Kulturwissenschaft, immatrikuliert, brach das Studium ein Jahr später aber bereits ab, um das Angebot anzunehmen, im damals neuzugründenden Singezentrum Berlin mitzuarbeiten. Als Kulturfunktionär im Haus der jungen Talente beschäftigte er sich in den folgenden drei Jahren beruflich mit dem, was bis zu dieser Zeit sein Hobby war: mit Liedern, mit Entwicklungen in der Singeszene und mit Konzepten.

Einige seiner Vorstellungen waren realisierbar, anderes — so die Funktion des Zentrums als »Singeklub-Bestell- und -Vermittlerbüro mit Garantie für gelungene Veranstaltungen nach immer demselben Muster« — ging ihm gegen den Strich. Dieserart formellen Umgang hatte er in Ansätzen als Singeklub-Mitglied am eigenen Leib zu spüren bekommen, kannte dessen Konsequenzen — zumeist unproduktive Phasen — für die inhaltliche Arbeit eines Klubs. So empfand er es schließlich auch im OKTOBERKLUB, war konsequent, ging im Februar 1974 und gründete zusammen mit Lutz Kerschowski, Andreas Bunkenburg und seiner Frau Regina Magister die Gruppe REGENMACHER. Eine Band, die zwischen Lied und Rock bis 1980 existierte — zwar ohne den großen Erfolg, die Magister aber inspirierte, erste Texte zu Papier und mit der Gruppe vor Leute zu bringen.

Intensiv begann er mit dem Verfassen von Texten erst während der Zeit, als er — zunächst als Ungelernter — im VEB Berliner Gummiwerke arbeitete. »Darüber bin ich überhaupt erst zum gründlichen Schreiben gekommen. Die Produktionssphäre hat mich irgendwie fasziniert. Fasziniert aber in dem Sinne, daß sie für mich vorher eine weitgehend unbekannte Größe war und daß ich nun alles aufsaugen und als Material speichern konnte. So beschäftigte mich zum Beispiel, welche Faktoren zusammenwirken, bis ein verkaufbares Produkt den Betrieb verläßt, welche ideellen und zwischenmenschlichen Prozesse sich dabei abspielen, daß Verantwortung — wie auch die Arbeitsleistung — immer konkret und abrechenbar ist, daß von der Gewerkschaftsarbeit im Betrieb das Funktionieren eines wichtigen Teils unserer sozialistischen Demokratie abhängig ist.« (aus »Forum« 13/82) Magister nutzte die Zeit, bis er den durch persönliche Lerninitiative zwar beschleunigten, dennoch aber langwierigen Prozeß zur Erlangung des Facharbeiterbriefes über die Erwachsenenqualifizierung hinter sich gebracht hatte, um »individuelles Verhalten innerhalb der ökonomischen Verhältnisse« kennenzulernen. Diese Kenntnis, die Sicherheit eines Berufsabschlusses und die

menschlichen Erfahrungen dieser Jahre bildeten zunächst die Grundlage für seine Arbeit als freiberuflicher Liedermacher.

Heute betrachtet er Produktionsprozesse als Außenstehender. Das tägliche Drin-Sein empfindet er als nicht mehr nötig, denn »die Gefahr, sich leerzuschreiben, besteht nur, wenn man sich keine Reibungspunkte schafft«. Solche hatte er seit 1982 u. a. dann, wenn er regelmäßig zusammen mit Perry Friedman und anderen Liedermachern und Schreibern nach Sangerhausen/Eisleben in das Mansfeld-Kombinat fuhr, dort mit jungen Arbeitern über deren Probleme und Meinungen redete und seine neuen Lieder vor- und zur Diskussion stellte.

Seine Sicht und damit die Lieder sind, seitdem er raus ist aus dem Gummiwerk — so schätzt Udo es ein —, realer und umfassender geworden. Denn: »Vor Jahren identifizierte ich in meinen Liedern materielle Produktion und Praxis bzw. verabsolutierte diese als nahezu einzigen Faktor für gesellschaftliche Entwicklung.«

Wie damals in der Produktion sind auch für den Liedermacher-Alltag heute Kollegen wichtig, Leute wie sein Freund, der Diplomhistoriker, Autor und Lektor Thomas Heubner, oder der Lyriker Gerd Eggers. Mit ihm schreibt Magister Programme für andere, v. a. Singeklubs, und läßt es sich – trotz eines großen Zeitaufwandes – nicht nehmen, diese zusammen mit den Akteuren auch zum Klingen zu bringen. Magister und Eggers gehen häufiger auch gemeinsam auf die Bühne und denken, im Kontext mit der Entwicklung in der Sowjetunion und aktuellen Dokumenten internationaler Politik *(Der Streit der Ideologen und die gemeinsame Sicherheit* u. a.) über Konsequenzen für die Kunst und überhaupt grundlegend Neues nach. Magister sagt: »Wie jeder andere, so bin auch ich stärker in die Verantwortung genommen. Mich beschäftigt jetzt vor allem – wie zur Zeit intensiv einige Gesellschaftswissenschaftler –, daß heute *vor* nationalen und Klasseninteressen Gattungsinteressen stehen und stehen müssen, also die Frage der Existenz der Menschheit. Die Widerspiegelung dieser Prozesse ist auch für die Kunst eine ungeheure Herausforderung. So sucht unser Projekt *Erste unsichere Verallgemeinerung,* das Liedermacher und Lyriker wie Gundermann, Eger, Klemt, Eggers und andere auf der Bühne vereint, mit deren verschiedenen Handschriften nach der Gültigkeit der revolutionären Veränderungen in der Sowjetunion für uns.«

Politische Lieder sind für jeden wichtig, ob 18 oder 78, sagt Magister. »Deshalb mache ich auch über die Konzert- und Gastspieldirektion vermittelte Veranstaltungen, wie politische Feierstunden in Betrieben beispielsweise, denn da kann ich Leute erreichen, die sonst wahrscheinlich niemals in ein Liedermacher-Konzert kämen. Das ist ein wichtiger Teil meiner Arbeit.«

P. S.

Udo Magister

Thälmann-Denkmal
(Berlin, Thälmann-Park)

Für mich hätt ich ihn nicht so groß gebraucht.
Will ich mal ganz nah bei ihm stehn,
schaut er lächelnd über mich hinweg –
ich kann ihn nur von weitem richtig sehn.

Für mich hätt ich ihn nicht so schön gebraucht,
dies Lächeln und die Haut ganz glatt und eben,

als hätte er nicht täglich Kampf gehabt,
sondern stets ein unbeschwertes Leben.

Dem Treiben da in seinem Thälmann-Park
hat er den Rücken allezeit gekehrt.
Wichtiger, so scheint's, ist, daß er sieht,
wer da im Auto an ihm vorüberfährt.

Warum darf er nicht auf ner Parkbank sitzen
zwischen Kinderspielen und Gezank?
»He, René, wo ist denn bloß der Ball?«
»Der liegt bei Thälmann dort unter der Bank.«

Ich könnt mich zu ihm setzen, mit ihm reden:
»Sieh dir den Park an, der nach dir benannt,
der ist so schön wie noch nicht überall,
wie noch nicht überall in diesem Land.«

»Der Park entstand zu meinem Jubiläum«,
würde er vielleicht daraufhin sagen,
»jetzt ran an all die andern Neubaustädte —
es mangelt euch doch nicht an Feiertagen.

Und solltet ihrs nicht schaffen, überall
zu bauen und zu leben dergestalt,
dann helfe ich ein wenig nach, dann werd ich
eben jede Woche hundert Jahre alt.«

Doch er sitzt hier nicht auf einer Bank,
und ich fang nicht Gespräche mit ihm an.
Er schaut lächelnd über mich hinweg,
als säh' er was, was ich nicht sehen kann.

(1986)

Udo Magister

Ich bin für den Fortschritt!
Wir alle sind für den Fortschritt, aber ich ganz besonders.
Je schneller, desto besser — wir dürfen nichts übereilen.
Der Klassenfeind schläft nicht, er beobachtet uns genau,

wir dürfen keine Fehler machen. Angesichts dieser Tatsache bin ich für schnellen, vorsichtigen Fortschritt.

Ich bin für Risikobereitschaft. Allerdings müssen die Risiken völlig abgesichert sein, sonst ist das ganz schön riskant.

Ich bin für Spontaneität! — herzerfrischende, jugendliche Spontaneität, die natürlich langfristig geplant sein muß. Spontane Spontaneität ist was für die drüben, die mit den Gesetzmäßigkeiten ihrer Gesellschaft nicht zurechtkommen, plötzlich vor Problemen stehen und ganz schnell reagieren müssen — wir brauchen das nicht.

Ich bin für den Fortschritt! — das heißt auch: lernen, lernen, nochmals lernen. Wissen ist Macht! Ich bin für uneingeschränkten Glauben an die Sache.

Ich bin für Kritik. Aber ich bin gegen jede Kritik am Fortschritt. Was eigentlich soll uns Kritik, wenn wir gar keine Fehler machen?! Ich bin ja gar nicht gegen Kritik, aber sie darf nicht so herzlos, so persönlich sein.
Da bin ich für mehr Zurückhaltung — allerdings eine streitbare und hartnäckige Zurückhaltung.

Vertrauen ist gut, Kontrolle ist besser.
Ich bin für Vertrauen, ich habe großes Vertrauen in die Kontrolle.

Ich bin für den Fortschritt, für eine sprunghafte Evolution.
Ich bin für konservative Flexibilität.
Man muß schon flexibel sein, wenn man sich konservieren will.

(1986)

Udo Magister

Mein Nachbar tapeziert

Mein Nachbar tapeziert,
ihm sind zu grau die Wände.
Hat lange Zeit da nichts getan
und hätt sich fast gewöhnt daran,
doch das hat jetzt ein Ende.

Mein Nachbar tapeziert.
Er schleppt schon die Tapeten.
Der ganze Keim in seinem Haus,
der ganze Unrat muß heraus
von sinnlos langen Feten.

Mein Nachbar tapeziert
stets bis nachts nach elfe.
Mein Nachbar ist nicht irgendwer,
nein, nein, mein bester Freund ist der,
ist klar, daß ich ihm helfe.

Mein Freund, der tapeziert,
's ist kaum die Zeit zu rauchen,
wir messen aus und schneiden glatt,
daß alles auch den Zuschnitt hat,
den seine Wände brauchen.

Mein Freund, der tapeziert.
Ich lieg unruhig im Bette,
denn ich seh auch manch Fleck bei mir,
ich seh, daß manche Ecke hier
es auch mal nötig hätte.

Mein Freund, der tapeziert.

(1987)

ANGELIKA NEUTSCHEL
Vom Fallen und Erheben

Zu Beginn des Konzerts sitzt sie am Bühnenrand, summt leise das musikalische Entree mit, findet gleichsam zu ihren Musikern wie zu sich, zu ihren Liedern. Dann erst tritt sie ins Licht, stellt sich dem Publikum: Angelika Neutschel. Vier verschiedene Programme hat sie seit 1983 vorgestellt, seit sie die Schauspielbühne verließ, um eine andere Bühne zu betreten, die mehr verlangt als saubere darstellerische Leistung, die Hauptrollen verspricht nach eigenem Drehbuch, aber auch mit eigener Verantwortung.

Aus der Zeit davor — 1971 hatte sie die Filmhochschule Babelsberg absolviert — hebt sie besonders die siebenjährige Arbeit am Theater Meiningen hervor. »Dort unten, hinter den sieben Bergen, konnte man vieles probieren, an Stücken arbeiten, die anderenorts nicht möglich waren. Ein ganzer Pulk junger Leute, die sich überwiegend schon von der Hochschule kannten, schloß sich zu einem kreativen Ensemble zusammen, das relativ kompromißlos eigene künstlerische Vorstellungen realisierte. Das war nicht immer einfach, aber eine wichtige Erfahrung für mich.«

Doch auch hinter den »sieben Bergen« erwies sich der eingeschlagene Weg als steinig. Die Auseinandersetzungen und Konfrontationen mit von außen herangetragenen, wenig zeitgemäßen Ansichten spitzten sich zu, es kam zum »großen Knall«, und das Ensemble flog auseinander.

Angelika Neutschel ging zunächst ans Theater Wittenberg, versuchte einen Neuanfang, beschäftigte sich aber stärker als bisher nebenbei mit Liedern. Sie suchte sich Texte, die ihrer damaligen Situation, ihren Gefühlen sehr nah waren, ließ sie von Manfred Schmitz vertonen, den sie schon früher bei den Musikseminaren in Weimar kennengelernt hatte. Das waren sechs Lieder. »Damit bin ich dann 1981 zu den Chansontagen nach Frankfurt/Oder gefahren und war selbst überrascht vom Erfolg. Wichtiger als der Preis war aber für mich die sich anbahnende Zusammenarbeit mit Gisela Steineckert, die ich nach dem Abschlußkonzert kennenlernte. Sie hat mich dazu gebracht, daß ich erzählen konnte, denn ich war damals wie zugenagelt. Sie hat in einer Weise zugehört, wie ich es nicht gewohnt war, hat ganze Sätze rausgepickt und an diesen Sätzen Lieder aufgefädelt. Deshalb ging es in meinen ersten Konzerten vornehmlich um Zweierbeziehungen und ganz persönliche Erfahrungen. Das war mir wichtig.«

Ihr erstes Programm stellte Angelika Neutschel im Frühjahr 1983 vor, es hieß *Wenn ich ein Lied hab.* Nach dem bisher Gesagten überrascht es nicht, daß sie sich dafür viel Zeit genommen hat, auch für die Auswahl der Musiker ihrer Begleitformation. Fest stand für sie von Anfang an die Besetzung: Klavier, Cello, Englischhorn (»es sollten Instrumente sein, die ich sehr mag«), später kamen Percussion und Saxophon dazu. Einer ihrer Musiker ist auch heute noch Egbert Hirseland (Englischhorn), die anderen Positionen wechselten bei den einzelnen Programmen, wobei sich die Zusammenarbeit mit Manfred Schmitz als sehr tragfähig erwiesen hat. Lieder aus den ersten Jahren, die auch in späteren Programmen wieder einen Platz fanden, sind zum Beispiel *Wir dazwischen, Ein Weib, Sich sehen, sich kriegen,* nachzuhören auf der 1984 bei AMIGA erschlenenen Langspielplatte. Auch die Programme der folgenden Jahre zeichneten sich durch sehr persönliche, engagierte Texte aus: *Versuch zu leben* (1985) und *Im Augenblick der Mitte* (1987).

»Mit letztgenanntem Titel, der sich auf einen Liedtext von Maike Nowak bezieht, ist nicht nur die Lebensmitte gemeint, sondern viel mehr die ruhigen Augenblicke im Leben, in denen man sich die Zeit nimmt, nehmen sollte, über sich und alle Lebensvorstellungen nachzudenken, die man einmal hatte, und darüber, was davon übriggeblieben ist. Das ist die Gelegenheit,

Ereignisse neu einzuordnen, sich neu zu orientieren. Wo man entweder alles hinschmeißt, in eine andere Stadt geht, oder sich sagt: Das ist es!, und beharrlich genau da weiterarbeitet.«

Diese Thematik behandelt auch ein Lied von Gisela Steinekkert, in dem es heißt:

Es gibt eine Mitte im Leben,
wo alles noch möglich ist.
Du kannst dich noch dreimal erheben,
wenn du dreimal gefallen bist...

Obwohl Angelika Neutschel ihre Texte nicht selber schreibt,
auch nicht selbst komponiert, unterscheidet sie sich doch deutlich von den »singenden Schauspielerinnen«, von denen es eine
ganze Reihe gibt und die sich in erster Linie auf das Interpretie-
ren bekannter Lieder beschränken. Auch der Begriff »Interpretin« will nicht so recht zu ihr, zu ihrem Arbeitsstil passen. Angelika Neutschel gibt ihre Lieder nicht einfach in Auftrag, sie bringt
sich ein, mischt sich ein.

»Ich bin nicht der Mensch, der laufend neue Einfälle hat.
Aber wenn einmal eine Idee da ist, fallen mir viele Möglichkeiten
ein, sie weiterzuentwickeln. Wichtig dabei ist, daß es mit meinem
Denken und Fühlen zu tun haben muß. Darin finde ich mich mit
Gisela Steineckert. Daneben gibt es aber inzwischen auch andere Autoren: Reinhold Andert, Werner Karma, Bernd Rump. Ich
bin nicht nur die Weiche, Sensible. In mir ist auch Wut, Verzweif-
lung, Aggressivität.«

Von den Liedern, die später entstanden sind, möchte ich eines hervorheben: *Als das Kind geboren war* (Rump/Schmitz)
beschreibt sehr eindringlich die Lebensgeschichte eines Kindes, das von seinen Eltern abgelehnt wird und im Heim aufwach-
sen muß. Sicher tut man dort das Mögliche, aber die Erfahrung,
»mal bedauert, mal beäugt« zu werden, hat doch zu einer sozialen Verunsicherung, beständigen Unruhe geführt. Dieses Lied
macht betroffen, es macht hellhörig für ein sensibles Thema,
ohne falsche Rührseligkeit zu wecken.

Auffallend bei Angelika Neutschels Konzerten ist die homo-
gene und niveauvolle musikalische Begleitung, die die Autoren-
schaft von fünf Komponisten (neben Manfred Schmitz noch Jürgen Ecke, Arnold Fritzsch, Markus Ludwig, Theo Hotze) kaum
ahnen läßt. Auch hier versucht Angelika Neutschel, ihren Einfluß
geltend zu machen, ihren Stil zu prägen. Die Texte werden nicht
einfach vertont, denn sie hat sehr konkrete musikalische Vorstellungen, die sich selten mit dem gutgemeinten Rat: Mach es

einfacher! vertragen. Die Zeit übertriebener kammermusikalischer Exkurse im Programm hat sie zwar hinter sich, aber einen besonderen Klang, eine besondere Farbe in den Liedern strebt sie schon an, im Verein mit dem jeweiligen Komponisten. »Die Musiken sollen sich nicht anbiedern, aber ich mag es, wenn etwas hängenbleibt vom Lied – eine Textzeile, ein Melodiebogen.«

In fünf Jahren vier Programme, dazu eine zweite Langspielplatte 1988, zeugen von einer kontinuierlichen, auch erfolgreichen Arbeit. Daß diese sich nicht in entsprechender Popularität niederschlägt, dafür gibt es verschiedene Erklärungen. Eine mag der Zeitgeschmack sein, der halt anders ist, zumindest was die Masse betrifft.

»Ich bin nicht bereit, mich auf Zugeständnisse einzulassen, damit es einfacher, eingängiger, schlagerhafter wird. Ich möchte meine musikalischen Vorstellungen bewahren, Texte singen, die mich ganz betreffen, und vor Leuten singen, denen ich etwas geben kann. Manchmal sind da gedankliche Leerstellen, weiße Flecken. Es ist wie ein Puzzle, der Satz ergibt noch keinen Sinn, es fehlt vielleicht nur ein Wort. Und wenn ich dieses kleine Teil, dieses eine Wort einbringen kann und sich so das Ganze zusammenfügt, Klarheit ergibt, die weiterhilft bei Fragen und Problemen, die bislang Stillstand bedeutet haben, wenn das gelingt – bei zwei Leuten, bei einem –, das ist viel.«

W. B.

Gisela Steineckert

Als ich aufgestanden bin
und die Vorwürfe unterbrach
und mein Zeugnis weggesteckt hab
und dachte, was fürn Sinn hats, danach
und jetzt auf einmal geben sie sich mit dir ab
haben Zeit, halten zusammen, sie trösten sich noch
als das so war, da trieb es mich eben
raus zur Tür, und das war
mein Versuch, zu leben

Als ich aufgestanden bin
warf das Rollenbuch an die Wand

und die anderen starrten mich an
und dachten, die verliert den Verstand
aber ich wußte, hier will keiner, was ich kann
ging nichts mehr, konnt nichts mehr werden
's geht um mich
es läuft alles falsch, was rettet mich noch
erst mal hier raus und das war
mein Versuch, zu leben

Als ich dann alleine war
und mir war oft vor Hunger schlecht
und ich fühlte mich wie ein Lurch
Angebote, aber keins davon echt
wußt ich immer, ich muß irgendwie da durch
was ich will, das wird es geben, ich pack es schon noch
ich schien ein Narr, doch ich suchte ja noch
bitter wars und schwer, aber doch
mein Versuch, zu leben

Als ich aufgestanden bin
aber stand wie gelähmt noch herum
wie von Salz war die Träne im Mund
es war aus, ich war leer, stumm und dumm
wollte bleiben, doch es gab keinen Grund
was es schien, das konnts nicht werden, schmerzte aber
noch
sag doch was, brauchst nur die Arme zu heben
harter Schnitt, war aber doch
mein Versuch, zu leben

(1985)

Werner Karma

Bretter der Welt

Soll ich mich wie eine Schlange häuten
Auf den Brettern, die die Welt bedeuten?
Soll ich auf die Knie um eure Gunst?
Wollt ihr 'ne Blase blauen Dunst?

Soll ich nur singen ums liebe Geld
Und nur bedienen, was grad gefällt?
Könnte ich mir das denn je verzeihn?

Soll ich mich wie eine Schlange häuten
Auf den Brettern, die die Welt bedeuten?
Soll ich Witze machen, bis ihr wißt,
Daß die Welt, so wie sie ist, nicht ist?
Wollt ihr die Lüge Weltniveau
In einer hohlen Flittershow?
Könnte ich mir das denn je verzeihn?

Ja, soll ich mich wie eine Schlange häuten
Auf den Brettern, die die Welt bedeuten?
Oder soll ich schminken mein Gesicht
Grell und bunt mit Rampenlicht?
Soll ich vergessen, was mich bewegt,
Bis ein Schatten sich auf mich legt?
Könnte ich mir das denn je verzeihn?

(1982)

Gisela Steineckert

Sie haben es doch so gut gemeint
mit ihren ererbten Sätzen
sei immer manierlich und lüge nie
und niemals darfst du uns verpetzen
halt schön den Mund
wenn ein größerer spricht
iß immer den Teller schön leer
sonst wird aus dir nie was
hat dich keiner lieb
und der Weihnachtsmann kommt nicht mehr

    Das Leben ist anders
    das stellt sich bald raus
    man kommt mit dem Bravsein
    alleine nicht aus

so läßt man den Teller
mehr als halbvoll stehn
um voller Erwartung
in das Leben zu gehn

Wir haben es doch so gut gemeint
mit unseren ersten Schwüren
wir zwei unauflöslich und ganz vereint
verschließen der Welt unsre Türen
wir denken an uns
was da immer läuft
nichts andres kann so wichtig sein
denn wie bei uns beiden
ist nichts irgendwo
und darauf ein Glas roten Wein

Das Leben ist anders
das stellt sich bald raus
man kommt ohne Draußen
zu zweien nicht aus
die erste Versuchung
läßt mancher stehn
um voller Erwartung
in die nächste zu gehn

Wir haben so vieles so gut gemeint
und sind unterdes geworden
erwachsene Leute mit Wohl und Weh
mit Kindern und Haus und nem Orden
doch in der Brust schlägt
der Muskel so heiß
als ob er noch fast gar nichts weiß
schlägt nicht nur beklommen
er lebt einfach gern
ermutigt und mit dem Verschleiß

Das Leben ist anders
oft Clinch und oft Trab
wen Wetter schon gerbten
der schminkt sich gern ab

ich hab ja 'ne Menge
schon ganz gut bedacht
und nicht bloß gedacht
auch gemacht – auch gemacht

(1982)

MAIKE NOWAK
Ohne mich schaff ich es nie

Leipzig ist die »heimliche« Hauptstadt der Liedermacher unseres Landes. Diese Hypothese überrascht vielleicht, aber sieht man sich die Realität an oder die biographischen Daten unserer Liederleute, so zeigt sich schnell, daß viele von ihnen dort geboren wurden, dort studierten oder künstlerisch gearbeitet haben. Gründe für den »fruchtbaren« Leipziger Liedermacherboden gibt es sicher – wir kommen gleich darauf zurück, denn auch Maike Nowak hat ihre ersten Lieder in dieser Stadt geschrieben…

Dabei sah es zunächst gar nicht danach aus: Schon sehr früh hat sich Maike der elterlichen Obhut entzogen, um dann vieles zu beginnen und vieles schnell wieder zu beenden. Weniger aus Unrast als im Bestreben, äußeren Zwängen, einem Druck durch andere auszuweichen. (»Um etwas zu finden, was mich braucht, mußte ich herausfinden, was ich kann.«) Zwei unvollendete Ausbildungsversuche als Krankenschwester und Diätköchin füllten ihre Wanderjahre, dann stand sie an einer großen Presse, war Lagerarbeiterin, Disponentin und schließlich auf der Leipziger Pferderennbahn, um durch einen Halbtagsdienst mehr Zeit für sich und die weitere »Suche« zu haben:

»Ich glaube, daß jeder junge Mensch nach dem Schulabschluß das Bedürfnis hat, in irgendeiner Weise gebraucht zu werden und sich selbst in seiner künftigen Arbeit zu brauchen. Da es aber ungeheuer schwer ist, sich für einen Beruf zu entscheiden, ohne sich zuvor darin probieren zu können, kommt es oft zu Fehlentscheidungen, die zu Resignation und Desinter-

esse führen können. Die Haltung: Ich möchte etwas tun für
mehr Leute als mich, muß dann zumeist erst wieder erarbeitet
werden, obwohl sie früher eigentlich schon da war, selbstverständlich war. Ich habe mir die Zeit zum Probieren genommen,
und der erste Schritt zum direkten Einmischen in mein eigenes

Leben war die harte Arbeit an dem, was ich schließlich für mich gefunden hatte – die Liedermacherei. Ich spürte am Anfang zwar, daß dies genau mit mir und meinen Vorstellungen vom Leben zu tun haben könnte, doch ich wußte nicht, ob ich darin wirklich etwas kann, können werde. Diesen Glauben an mich selbst mußte ich gerade in der Sache finden, von der ich wußte, daß ich sie will.«

An ihr erstes Lied kann sich Maike noch gut erinnern, es hieß *Der Apfelbaum*. Freunde schleppten sie wenig später mit ins Talentestudio Leipzig, wo sich zweimal im Jahr jeder vorstellen kann, der es will oder dazu überredet wurde. Wer dort Interesse weckt, geht nicht mehr verloren, schließlich sitzt im Saal immer ein Mann namens Odwin Quast, das Perpetuum mobile der Leipziger Liederszene. Er wurde Maikes erster Mentor, sorgte für einen Fördervertrag, erste Ausbildungsstunden in Gesang und Gitarre. Sie selbst hat diese Stunden damals, 1983, noch nicht so ernst genommen.

Maike stürzte sich ganz auf die neuen Möglichkeiten und Projekte. Als erstes entstanden die KIESELSTEINE, eine Frauengruppe, zusammen mit Ines Krautwurst und der Pianistin Sandra Starke. Drei Jahre trat das Trio überwiegend in lokalen Jugendklubs auf, drei Jahre, die neben Bühnenerfahrung auch einen verbesserten Umgang mit Liedtexten brachten. Im Sommer 1986 folgte Maikes erstes eigenes Programm, das sie auszugsweise zum »Anlauf« (auch einer, aber zentralen Talenteschau) und wenig später im Wettbewerb der Chansontage vorstellte. Obwohl sich hier in Frankfurt/Oder durch den zeitlich eingegrenzten Rahmen die Expressivität und Vielfalt einer kompletten Veranstaltung nicht herstellen ließen, war das Urteil der Juroren doch ungeteilt, Maike wurde Preisträgerin.

Ihre ersten Lieder – von der Anna mit den unbeschreiblichen Kleidern, von der Welt, die zu klein ist, um abzuhaun, vom Feuerreiten im Regen oder vom »Volkspennen« – waren alles andere als Halbfertigprodukte einer Anfängerin. In ihnen wurden auf sehr poetische Weise eigene Lebensansprüche artikuliert, Beobachtungen und ihr nahestehende Menschen vorgestellt:

»Ich traue mich an kein Thema ran, das nur so als Thema durch meinen Kopf gegangen ist – wenn ich es nicht selbst erfahren habe. Lange Zeit hatte ich überhaupt kein politisches Lied in meinem Programm, kein großes Thema, weil diese sogenannten großen Themen sich oft genauer und besser im Kleinen, täglich Erfahrenen, darstellen lassen. Dort stimmen sie einfach und werden verstanden.«

Positiv wirkte sich für Maikes künstlerische Entwicklung aus, daß sie zu den ersten Absolventen des Liedermacherlehrganges beim Komitee für Unterhaltungskunst gehörte, der ihr nicht nur den Berufsausweis einbrachte, sondern auch eine solide handwerkliche Grundlage vermitteln half: »Der Lehrgang war ausgesprochen nützlich für mich. Kein Unterricht im eigentlichen Sinne, sondern ein großes und erstklassiges Angebot in seminaristischer Form, das nicht so sehr mit dem Liedermachen zu tun hatte, sondern mehr das künstlerische Umfeld betraf. Denn jeder hat ja seinen eigenen Stil oder arbeitet an ihm. Die Vorträge von Leuten wie Wolfram Heicking, Lothar Bisky oder Gert Rienäcker haben so etwas vermittelt wie eine ›Rundumbildung‹.«

Obwohl Maike sich selbst als Einzelgänger sieht, hat sie doch immer die Zusammenarbeit mit anderen gesucht. Sie ist kein Liedermacher im »klassischen Sinne«, mit der Gitarre vor dem Bauch. Szenische und mimische Gestaltungsformen, die in ihren Solo-Programmen eine wichtige Rolle spielen, sollen noch genauer erarbeitet und eingesetzt werden. Nach dem Intermezzo mit Norbert Bischoff *(No Mai, lieber April)* arbeitet sie derzeit zusammen mit dem Komponisten Rolf Fischer (früher Karls Enkel). Es entsteht ihr neues, nunmehr kammermusikalisch begleitetes Solo-Programm *Ohne mich schaff ich es nie,* wobei die zunächst geplante Besetzung Gitarre/Piano durchaus noch eine Bläser-Erweiterung erfahren soll. Überdies schreibt Maike auch Texte für andere Interpreten, zum Beispiel für Gina Pietsch oder Angelika Neutschel. (»Schreiben ist überhaupt das näherliegende Ziel.«)

So endet dieser Beitrag notgedrungen (den Redaktionsschluß im Nacken) mit einer Aufzählung angedachter, vorbereiteter Projekte, über die in Zukunft sicher mehr, sicher Erfreuliches zu berichten sein wird. Aber so ist das nun mal bei Leuten, die gefunden haben, was sie braucht...

W. B.

Maike Nowak

Die Welt ist zu klein, um abzuhaun

Die Welt ist zu klein, um abzuhaun.
Ich bin zu klein für mich.
Doch dich könnt ich endlos anschaun —
vergrößre mich, vergrößre mich.

Ich weiß, ich hab zu oft gelogen.
Ich hab zuviel Geduld verbraucht.
Und nur mein Leib hat nicht betrogen,
und deinen hab ich nie mißbraucht.

Daß ich noch immer bin, erstaunt mich.
Ein Überbleibsel ist mein Herz,
ein zaghaft schwaches letztes Staunen,
ein Wintersterben und doch März.

Ach, könntest du mich wirklich lieben,
so wie ich bin, dann fände ich
für eine Lüge und mein Lieben
auch nicht den kleinsten Bindestrich.

Die Welt ist zu klein, um abzuhaun.
Ich bin zu klein für mich.
Doch dich könnt ich endlos anschaun —
vergrößre mich, laß mich nicht, wie ich bin.

(1987)

Maike Nowak

Trinklied der Schwestern

Komm, Schwester, trinken wir auf unsre Brüste,
auf unsre Scham und unsern Schoß und unsre Lust,
auf den Zufall, daß wir beide Frauen sind.
Heut werden wir nach innen selbstbewußt.

Schweigen, schweigen, schweigen
wir heut abend einmal über das,

was wir täglich jedem Mann und uns beweisen,
Schwester, heute abend bin ich schwach.

Und zart und sanft und leise
bei allen großen Reden unsrer Wichtigkeit.
Die Frauenmacht zieht ihre Kreise.
Doch Schwester, diese Kreise, die sind weit.

So weit, weit weg von uns.
Was sind wir denn in unsrer herben Weiblichkeit —
ein nachgeäffter Mann mit Brüsten,
ein angepaßtes Abbild unsrer Zeit.

Komm, Schwester, trinken wir auf unsre Brüste,
auf unsre Scham und unsern Schoß und unsre Lust.
Heut wolln wir uns erinnern, daß wir Frauen sind,
von denen jede nach sich selber sucht.

(1986)

Maike Nowak

Anna, mit ihren unbeschreiblichen Kleidern.
Die sind bunter als bunt,
doch sieht man sie nicht.
Bei Anna sagt man nicht Kleider —
man sagt: Anna.

Anna, mit ihren blonden vierzig Jahren.
Etwas blonder als blond,
doch sieht man sie nicht.
Bei Anna sagt man nicht Jahre —
man sagt: Anna.

Anna, ihr Lachen und ihr Weinen
zur gleichen Zeit und
über die Zeiten.
Bei Anna sagt man nicht Anna —
man sagt: Du.

(1986)

PENSION VOLKMANN
Weißer Schimmel

Nur auf den ersten Blick ist dieser Titel eine Tautologie, auf den zweiten ein sehr poetisches Gedicht, eines der schönsten Lieder der Pension Volkmann (auch heute noch) und für mich eine Erinnerung. Die führt zurück zu einem verregneten Sommerabend 1985 in der Brunnenstraße in Berlin. Niemand vermutet hinter der unscheinbaren Fassade des Hauses Nummer 154 die begehrten Aufnahmestudios einer Plattenfirma. Auch das Casino drinnen wirkt fade, fast wie eine Kneipe zur Polizeistunde. Männer vor halbleeren Gläsern, Gesprächsfetzen, Gelächter, Warten, bis das Studio frei ist. Auf dem Arbeitsplan der Nacht: *Weißer Schimmel.* Das letzte Lied für die erste LP der Pension Volkmann, das letzte von zwölf anspruchsvollen Liedern. Erfreulich, daß dies inzwischen durch eine für Liedermacher sehr hohe Verkaufszahl honoriert wurde, was sicher mit dazu beigetragen hat, daß AMIGA nach drei Jahren eine weitere Produktion des Duos vorlegte. Der Titel *Vollpension* läßt verschiedene Auslegungen zu, eine bezieht sich wohl auf die Mitwirkung einer Reihe exzellenter Musiker, die überwiegend zur Gruppe Bossa Nostra gehören. Trotz dieser musikalischen Bereicherung haben aber die Lieder des Duos ihren ursprünglichen Reiz, ihren unverwechselbaren Charakter behalten.

Erstmals in Erscheinung trat die Pension Volkmann 1983 zu den Chansontagen in Frankfurt/Oder (da existierte sie gerade ein paar Monate) und verbuchte gleich einen Achtungserfolg. Zwei Jahre später gab es an gleicher Stelle den Hauptpreis des Ministers für Kultur, und von da an ging eigentlich keine wichtige

Liederveranstaltung hierzulande ohne die Pension über die Bühne. Ein sehr geradliniger Weg, für den es aber auch handfeste Gründe gibt.

Fangen wir mit dem — aus meiner Sicht — wichtigsten an: der ausgesprochenen Professionalität aller Beteiligten. Zwar agiert auf der Bühne nur ein Duo: der expressive Sänger Peter Butschke und der Gitarrist Reinhard Buchholz mit klassisch geschulter Virtuosität, doch den dritten Mitstreiter der Pension, Werner Karma, darf man darüber nicht vergessen. Er ist derzeit unbestritten der kreativste Texter unseres Landes und besonders hervorgetreten durch seine Zusammenarbeit mit der Rockgruppe Silly. Seine bildreichen Textvorlagen fanden in den Kompositionen der Pension Volkmann eine ideale Ergänzung und Umsetzung. Hier wurden nicht einfach Verse vertont, hier wurden Stimmungen erfühlt in einer Weise, wie es bislang selten gelang. Werner Karma sagt selbst dazu:

»Meine Texte für die Pension sind sehr persönlich und in ihrer intimen Art weniger für eine Rockband geeignet. Ich hatte schon längere Zeit nach Leuten gesucht, die sie angemessen über die Bühne bringen, und die beiden haben es geschafft.«

Ein genaueres Einlesen in die »reinen« Texte verdeutlicht, daß sie durch Allerweltskompositionen eher beschädigt würden. Sehr einfühlsam skizziert Karma zum Beispiel den gealterten *Clochard*, der nicht müde wird, um die Herberge bei seiner Schönen zu werben, oder den *Boxer*, der die Nase voll hat vom rauhen Geschäft und doch nichts anderes kann als Boxen. Diese Geschichten sind außerordentlich beeindruckend durch ihre gedankliche Tiefe. Unüberhörbar ist in vielen Texten der Appell an »die Gefühle« (so lautet auch der Titel der ersten LP), wobei das Abwägen von Ratio- und Emotionalität nicht unter den Tisch fällt, das Einrichten in der Zwischen-Menschlichkeit. Karmas Texte sind voller Metaphern, sind oft Parabeln für das gesellschaftliche Leben, das Zusammenleben in unserem Land. Sparsam nutzt er Überzeichnungen, erinnert ohne Besserwisserei an postulierte Ideale, läßt den Interpreten eigene Spielräume. In anderen Texten für die Pension Volkmann *(Satt zu essen, Vor Ort, Sonntagmorgen)*, gleichermaßen Moment- wie Bestandsaufnahmen, formt er aus einer Vielzahl auf den ersten Blick ba-

nal erscheinender Alltagsbeobachtungen ein Mosaik, das Nach-
denklichkeit inspiriert und Einsichten vermittelt.

Ein anderer Grund für den Erfolg der PENSION scheint mir zu
sein, daß die Kompositionen nicht nur den Texten, sondern auch
dem Zeitgeschmack des Publikums entsprechen. Die Musik ist

swingend, rockorientiert, durch den Einsatz elektronisch erzeugter Klänge bereichert – nicht zuletzt, weil beide Akteure über Rockmusikerfahrung verfügen und die Bezeichnung »Erzmusikanten« durchaus rechtfertigen.

Peter, geboren 1950, schleppte nach seiner Elektrikerlehre für die Mitte der siebziger Jahre gegründete Band OSTKREUZ Boxen in Säle, und irgend jemand sagte schon damals: Der steigt noch mal auf die Bühne. Und so kam es dann auch: Tingeltangel als Gitarrist und Sänger bei FAIBLE und mit dem Projekt *Kleinkunst Solo*, das Evergreens von Elton John und John Lennon in rauchigen Jugendklubs offerierte.

Reinhard, drei Jahre jünger, war schon sehr früh ein »Wunderkind« auf der Gitarre, begann in der zweiten Klasse eine gezielte Ausbildung an der Musikschule, schloß später ein Hochschulstudium für dieses Instrument ab. Seine musikalischen Stationen: OKTOBERKLUB, JAHRGANG 49, KLEEBLATT und auch OSTKREUZ. Beide kannten sich gut, hatten vieles probiert und brachten neben handwerklichem Können den unbedingten Willen mit, als Duo endlich Nägel mit Köpfen zu machen. Peter: »Die PENSION war für uns so etwas wie die letzte Chance, und weil wir voll von diesem Projekt überzeugt waren, haben wir uns mit ganzer Kraft hineingekniet.« Reinhard: »Wir spürten nicht nur, daß Werners Texte uns sehr genau entsprachen, wir haben auch versucht, über die musikalische Umsetzung diese Übereinstimmung auszudrücken, für andere nachvollziehbar zu machen.«

Bezogen auf die Stilmittel dieser musikalischen Umsetzung ist oft gefragt worden, wo sich das Duo im breiten Spektrum zwischen Rock, Pop und Chanson selbst einordnet. Aber mit dem leidigen Schubladendenken kommt man nicht weit. Die beiden gehen da auch den eleganteren Weg, wenn sie sagen: »Wir machen etwas, das PENSION VOLKMANN heißt!« Natürlich sind, wenn man die erste und die zweite Langspielplatte vergleicht, bestimmte Unterschiede herauszuhören. Zum einen bedingt durch die jazzige Ausrichtung der Begleitformation BOSSA NOSTRA, zum anderen auch durch eine veränderte Arbeitsweise. Schließlich hat Werner Karma für *Vollpension* keine Texte zusammengestellt, sondern ganz gezielt neue geschrieben, was ohne Zweifel den homogenen Gesamteindruck der Platte verstärkt. Anzumerken wäre noch, daß die Pension Volkmann zwar in Zukunft auch mal mit der Begleitband (die allerdings selbständig arbeitet) auftreten wird, die Duovariante aber nach wie vor dominieren soll. Und das ist mir eigentlich auch die liebste Pension: Peter und Reinhard auf irgendeiner kleinen Bühne, wenn der *Weiße Schimmel* plötzlich wieder auftaucht…

W. B.

Werner Karma

Weißer Schimmel

Über den blauen Himmel
Kam einst ein weißer Schimmel,
Strömten Leute zusamm'.
Wollten ihn alle schauen –
Hoch in den Himmel, den blauen,
Standen die Herzen in Flamm'.

Über den blauen Himmel
Kam einst ein weißer Schimmel,
Wuchs in den Leuten die Gier.
Suchten sie ihn zu greifen,
Ihn in die Ställe zu schleifen,
Aber zu hoch flog das Tier.

Über den blauen Himmel
Kam einst ein weißer Schimmel,
Fraß in den Leuten der Haß.
Zu kurz warn die Arme,
Und daß es Gott erbarme,
Kam der Verrat nun zupaß.

Über den blauen Himmel
Kam einst ein weißer Schimmel,
Grad, als die Ernte verdarb.
Er hat die Schuld bekommen,
Leis ist er fortgeschwommen,
Leis, wie er bald darauf starb.

(1981)

Werner Karma
Sonntagmorgen

ein sträußchen bunter melodien
ein fingerhut voll blei
sie kocht ein weiches ei für ihn
er mag sein weiches ei
klein-isaak legt auf mich an
mit seiner plasteflinte
in beirut brennt die morgenluft
es regnet rote tinte

europa ist so glücklich satt
und läßt die wagen waschen
und goldgelockte kinder spielen
in den pfützen haschen
ein längst vergess'nes wahlplakat
ersehnt sein schnelles ende
im golf von persien klatscht das öl
auf die touristenstrände

    und es ist sonntagmorgen
    auf der ganzen welt
    die kirchenglocken läuten
    daß es gott gefällt
    und es ist sonntagmorgen
    zeit, um ein gebet
    für haus und hof zu sagen
    wo haus und hof noch steht

nun lehn dich an den gartenzaun
mit einer flasche bier
und gib dich nett und moderat
der nachbar dankt es dir
der sonntagmorgen ist die zeit
um jeden streit zu schlichten
und dann zu mittag, frei von haß
den braten anzurichten

    und es ist...

---

die welt fällt dir dreigroschenweis
aus deinem morgenblatt
ein flugzeug kostet lösegeld
wo mans gestohlen hat
im süden von südafrika
hängt sich ein neger auf
er liebt ne kleine weiße miss
doch papa steht nicht drauf

    und es ist ...

(1985)

Werner Karma

Kasernierte Herzen

wir tragen schwer an unsern wünschen
wir tragen fleisch und bier nach haus
wir tragen geld auf unsre banken
und brüten autoträume aus
wir tragen uniforme mode
auf der eingecremten haut
wir tragen lieder auf den lippen
die sind schon nach paar wochen out

    unsre kasernierten herzen
    glauben dennoch, freizusein
    unsre kasernierten herzen
    laufen uns im gleichschritt ein

wir tragen ämter und plaketten
für unerträglich hohen fleiß
wir tragen uns mit den gedanken
die man vom hörensagen weiß
wir tragen schweigend und mit steuern
bei zum wohlgedeihn des staats
ertragen tapfer die revolten
des verdauungsapparats

    unsre kasernierten herzen ...

---

wir tragen kinder aus und kämpfe
zur fußballehre der nation
wir tragen, was wir sind, mit fassung
so sehr bescheiden sind wir schon
wir tragen die paar jahre leben
wie einen alten mantel ab
der lauf der welt scheint gottgegeben
und die ketzer werden knapp

    unsre kasernierten herzen...

(1987)

PIATKOWSKI · RIECK
Kaamt tohoop

Über dieses Duo zu schreiben hat für mich seinen besonderen
Reiz: Zum einen gefallen mir ihre Lieder sehr, und zum anderen
brauche ich für das Verständnis der Texte keinen »Übersetzer«,
der letztlich die Schönheit plattdeutscher Mundart doch nur un-
vollkommen wiedergeben könnte. Nehmen wir das einfache
Kaamt tohoop (so lautet der Titel eines ihrer Programme), das
man mit »Kommt zusammen« nur sinngemäß übertragen kann.
Mundart ist überdies eine umstrittene Bezeichnung für das Nie-
derdeutsche, schwärmte doch schon Tucholsky: »Manchen
Leuten erscheint die plattdeutsche Sprache grob, und sie mögen sie nicht. Ich habe diese Sprache immer geliebt, mein Vater
sprach sie wie Hochdeutsch. Es ist die Sprache des Meeres.
Das Plattdeutsche kann alles sein: zart und grob, humorvoll und
herzlich, klar und nüchtern und vor allem, wenn man will, herrlich
besoffen...« Nicht selten wird heute das Plattdeutsche als etwas Historisches angesehen, hauptsächlich auf Personen wie
den Dichter Fritz Reuter begrenzt, aber in Wirklichkeit ist es bei
den Bewohnern der Ostseeküste und Mecklenburgs (wenngleich mit regionalen Unterschieden) sehr lebendig und wird
auch im Kulturleben gepflegt. So gibt es zum Beispiel in Stral-
sund und Güstrow regelmäßig plattdeutsche Theateraufführun-
gen, sogar Schlager werden platt gesungen (etwa durch die
PLATTFÖÖT) und natürlich auch Lieder.

Und damit zurück zu PIATKOWSKI/RIECK, die sich mit großem
Erfolg (und das nicht nur in nordischen Gefilden) des plattdeutschen Liedes angenommen haben. Beide sind von Hause aus

mit dem Niederdeutschen vertraut, vor allem jedoch mit der Mecklenburger Mentalität. Joachim Piatkowski (Jahrgang 54) ist Facharzt für Neurologie/Psychiatrie, Wolfgang Rieck (Jahrgang 53) befuhr zunächst als Vollmatrose die Weltmeere, wurde dann Elektronikingenieur und ist heute freiberuflich Liedermacher. Das musikalische und gesangliche Rüstzeug erwarben sie sich am Rostocker Konservatorium, wobei Joachim überwiegend Gitarre, Bandoneon, Drehleier und Mandoline spielt, Wolfgang neben der Gitarre Banjo, Flöte und Mundharmonika. Diese Aufzählung weist schon auf die folkloristische Grundfarbe ihrer Lieder (auch der eigenen Kompositionen) hin, wobei die Instrumente sparsam und sinnfällig eingesetzt werden. Auf ihrer zweiten Langspielplatte *Utkiek* 1987 (die erste mit dem Titel *Plattdeutsche Lieder* erschien 1983) überraschte zunächst die große Zahl der beteiligten Gastmusiker, aber auch hier verstanden sie es, mit klaren Klangbildern zu arbeiten, vermieden die Überfrachtung der Arrangements.

Es gehört unbestritten zu den Verdiensten der beiden Rostocker, daß sie sich nicht auf bekannte plattdeutsche Lieder beschränken, sondern in Archiven und Bibliotheken nach »verschollenen« Textvorlagen suchten und fündig wurden. Einige Beispiele dafür sind John Brinckmann, Hans Much und Erna Taege-Röhnisch. (Sie ist mittlerweile fast 80 Jahre alt, lebt in Templin, und PIATKOWSKI/RIECK haben direkten Kontakt zu ihr.) Der Anteil jener Titel, zu denen sie selbst die Texte geschrieben haben, hat sich in den letzten Jahren ständig vergrößert. Gerade die direkten Bezüge auf die eigene Biographie, zur Familiengeschichte, schaffen eine überzeugende Verbindung zwischen Vergangenheit und Gegenwart, führen auch zu einer leicht vermittelbaren Identität zwischen den Sängern und ihren Liedern. Bester Beleg hierfür ist das Lied *Hans ohn Glück*, in dem sich Wolfgang Rieck mit dem Schicksal seines Großvaters Hans Rieck beschäftigt. Im Vortext heißt es unter anderem (und hier erlaube ich mir, frei ins Hochdeutsche zu übersetzen):

Es ist nun schon ein paar Jahre her, daß meine Großmutter noch gelebt hat.

Und ich muß heute noch oft an das Bild denken, das auf ihrer Kommode stand.

Ein stolzer Soldat der Kaiserlichen war darauf zu sehn. Das war mein Großvater, aber kennengelernt habe ich ihn nicht. Im »Rostocker Anzeiger« vom 17. Juni 1917 habe ich ihn gefunden. Sein Name war Hans, aber er war kein »Hans im Glück«.

Mit 28 Jahren war er schon alt genug, ein deutscher Held zu werden, sein Leben zu lassen für den Kaiser und das Vaterland. Ob meine Großmutter damals auch so gedacht hat?

Sie saß danach allein da mit ihren zwei Mädchen, und das dritte Kind sollte noch kommen!

Den Jungen, der dann kam, hat sie Hans getauft. Vielleicht war er ein »Hans im Glück«, denn er ist wiedergekommen, als der zweite Weltkrieg zu Ende war,
und er ist zufällig mein Vater geworden.

Wer die Möglichkeit hat, diesen Text auf der *Utkiek*-Platte im Original nachzuhören, wird spüren, um wie vieles authentischer und auch bewegender diese Worte im Plattdeutschen wirken. Und damit ist auch ein wichtiger Grund genannt für die große Beliebtheit des Duos bei einem »sprachverwandten« Publikum im Norden der BRD, in Belgien und in den Niederlanden.

»Wir wollen Lieder machen, die ehrlich sind«, so lautet der knappe und anspruchsvolle Vorsatz der beiden. Und gleich, ob der Inhalt der Lieder heiter oder ernst ist, ob es sich um ein witziges Spottlied, ein Liebeslied oder um die Lieder der Revolution von 1848 in Mecklenburg handelt, sie gleiten nie in eine oberflächliche oder gar unverbindlich-volkstümelnde Stimmung ab. In den zehn Jahren, die PIATKOWSKI/RIECK bereits zusammenarbeiten, haben sie kontinuierlich ihr Repertoire erweitert und damit einen Fundus begründet, der auch einer jüngeren Generation von Nutzen sein kann. Neben den erwähnten Liedern des Duos sollen zwei Themenbereiche nicht vergessen werden. Da ist zum einen der Liederzyklus zu Plastiken Ernst Barlachs, zum Beispiel *De Drömer* (Der Träumer), *Mudder Ierd* (Mutter Erde) oder *De dree Suldaten* nach der Plastik »Magdeburger Ehrenmal«. Eine interessante Arbeit ist auch das Kinderprogramm *Liederzirkus Cantus Faximus*. Da schlüpfen Joachim und Wolfgang in die Rollen von Zirkusdirektor Riekilius und Oberspielleiter Piatkowkingus, und es gibt neben Liedern eine Reihe lustiger Spielideen. Wer mag, kann sich mit den verschiedenen Instrumenten vertraut machen.

Daß diese zielstrebige Arbeit nicht ohne Anerkennung geblieben ist, zeigen zwei Hauptpreise bei den nationalen Chansontagen (1979 und 1983), der Kulturpreis ihrer Heimatstadt Rostock im Juli 1985 sowie der Kulturpreis der Stadt Bad Bevensen (BRD) 1987. In der Laudatio der Stadtväter von Rostock hieß es norddeutsch knapp und klar: »Sie singen in unserer Mundart, und sie singen gut, weil ihre Lieder uns fröhlich, mutig und nachdenklich machen.«

W. B.

Joachim Piatkowski

Mudder Ierd

Ach Mudder Ierd, ik̦ will to di
in dienen Umgang mi verkrupen
so väle Trummeln rund üm mi
un dortau achter uns dat Grugen.

Süh, Mudder Ierd, den gläuhnig Häben
een Füerschien fegt dörch dat Land

Warst ok so brennen ohn to läwen
warst liggen denn in Asch un Brand.

Hür, Mudder Ierd, de Hacken ballern
väl Stäwels peeren nu de Straat.
Keener höllt dat mihr för Dallern
in Güstrow nich un nich in Prag.

Oh, Mudder Ierd, so kolles Grugen
Dodestrummeln al ganz dicht.
Dor helpt uns ok man keen Verkrupen
ik schnied mien Angst in dien Gesicht.

(angeregt durch die Plastik
»Mutter Erde«
von Ernst Barlach)

(1985)

Wolfgang Rieck

Hans ohn Glück

Woväl is dat Läben wiert,
wenn de Dod tosleiht ohn Ünnerscheed?
Woväl Leed dreggt disse Ierd,
wenn de Ehr Dotbliewen heet?

Wat blifft nah vun dissen Minsch,
de sien Läben nich hett läben kunnt?
Wat blifft nah vun all sien Dröm,
wenn blots'n Graffsteen noch dor findt?

Hans ohn Glück, wat hest du daan?
Wovör büst in'n Kreeg du gahn?
Büst doch vör den Dod tau jung,
de it di nah Frankreich güng!

Sünn schient dörch dat Karkhoffdur,
up dat Graff, dat stumm de Steen uns wiest.
Lüchten Bloom liggen up den Sand
för den groten Unverstand.

Hans ohn Glück, is allens tau laat;
upgahn is de düster Saat.
Büst noch gaud för'n swarten Steen,
Kunnst den Freden nich mihr seihn.

(1984)

GINA PIETSCH
Umwege und Sprünge

Berlin, Marienstraße 8. Hinterhaus auf Abriß, seit Jahren, Parterre links ist noch bewohnt, mit lichtarmem Hof, Blick auf Gleisanlagen, ein Stück S-Bahn zwischen Friedrichstraße und Lehrter Bahnhof. Ich bin das erste Mal bei Gina, aber wir duzen uns, Bekanntschaft wächst auch aus häufigem Sehen. Gina bringt Tee, ich stelle ein paar Fragen, schalte den Walkman ein:

»Ich bin in der elften Klasse durch die Schauspielprüfung geflogen und hab' dann schnell was anderes studiert. Ein Fehler, wie ich heute weiß, den viele machen, die mit knapp Siebzehn noch nicht ganz genau wissen, was für sie das Beste ist. Ich hab' also ›ordentlich‹ als Diplomlehrer für Musik und Deutsch die Leipziger Uni verlassen. Aber, wie das so ist, eine falsch gewählte Ausbildung führt nicht gerade zu allzu großem Interesse am Beruf. Ich wollte mehr denn je auf die Bühne. Mir kam ein bißchen Glück zu Hilfe. Das Ministerium für Kultur suchte ›Kader‹, und ich landete erst mal in Berlin. Dort wurde ich Mitglied des Oktoberklubs, was sich mit gewisser Logik ergab, hatte ich doch schon in Leipzig die Anfänge der Singebewegung mitbetrieben, zusammen mit Demmler und an der Studiobühne der Karl-Marx-Universität.
Vor den Weltfestspielen in Berlin 1973 gab es im Oktoberklub heftige Diskussionen, wie wir den steigenden Anforderungen als Amateure gerecht werden könnten. Nicht wenige der Mitglieder waren ohnehin Musikstudenten, würden also ›Profis‹ werden. Für Professionalität sprach ebenfalls der Vergleich, den wir nach drei Festivals des politischen Liedes, bezogen auf die besten,

auch internationalen Gruppen, anstellen konnten. Also gründeten wir JAHRGANG 49, die erste professionelle Gruppe für politische Lieder in der Republik. Für die organisatorische Vorbereitung dieses Unternehmens wurden vom damals neu entstandenen Komitee für Unterhaltungskunst Michael Höft, Uwe Leo und ich beauftragt. Später waren wir zwölf und hatten auf einen Schlag einen Wust von Dingen zu lernen. Man wird ja nicht von heute auf morgen Profi, auch wenn man plötzlich so heißt.

Das Programm war zunächst dreigeteilt: traditionelles Erbe — also Brecht, Eisler, Dessau —, was meine Strecke war, dann internationale Lieder und DDR-konkret, wie es damals hieß. Die Musiker wollten später, je mehr wir uns entwickelten, deutlicher rockige Musik machen — zumal in dieser Zeit die Bedürfnisse nach Rockmusik nicht genügend befriedigt wurden. Ich bin bis 1980 bei JAHRGANG geblieben, habe einen Sack voll Erfahrungen in diesem und 22 anderen Ländern sammeln können, nebenbei ein Zusatzstudium an der Hochschule für Musik absolviert — eine zweijährige Ausbildung bei Gisela May in der Chansonklasse.

Was folgte, war ein sehr kurzes Intermezzo bei der Gruppe SCHICHT in Dresden, deren Angebot ich annahm, weil sie — ähnlich wie auch KARLS ENKEL — genau das entwickeln wollten, was mich bis heute am meisten reizt: eine Liedtheaterform. Bei SCHICHT ließ sich das auch ganz gut an, allerdings nur bis zu dem Zeitpunkt, als die Gruppe beschloß, neu über sich nachzudenken, alles ganz anders zu machen, auch Sachen, die wir mit JAHRGANG schon probiert hatten. Obwohl meine Zeit in Dresden kurz war, so bestärkte sie doch in mir die Erfahrung, daß eine Kombination von Gesang und Schauspiel für mich genau das Richtige ist. Stefan Körbel hatte bei KARLS ENKEL ähnliche Erkenntnisse gewonnen, und so schlossen wir uns zusammen. *Der Mond war auch nicht zu vermeiden... Rudern, Gespräche mit Brecht* hieß unsere erste gemeinsame Arbeit — kleine Szenen, Geschichten, Lieder, vornehmlich komponiert von Körbel, ein bißchen Weill, wieder Eisler und Dessau. Und dieses Gefühl, jetzt auf dem richtigen Weg zu sein, hat dazu geführt, daß ich mich von der Zeit an, in der ich mit Körbel zusammen spielte, auf meinen externen Abschluß an der Theaterhochschule vorbereitete. Den habe ich dann '83 geschafft, und ich war sehr froh darüber, eben wegen der vielen Umwege.

Aber dann folgte gleich wieder der nächste − das heißt, damals habe ich das so empfunden. Stefan Körbel meinte, Seins nun alleine machen zu müssen, als Liedermacher. Du kannst dir vorstellen, daß ich das damals nicht verstanden habe. Aber: ›Nachher wird man's immer besser wissen‹, dieser Slogan aus Oktoberklub-Tagen fällt mir in diesem Zusammenhang ein. Ich rutschte jedenfalls erst mal in eine Krise. Suche mal Partner, die für dich oder besser auf dich komponieren können. Als ich endlich einen fand, hatte ich mich schon beim Radio als Musikredakteur beworben, machte fortan Sendungen über die Lieder der anderen. Nicht wenige haben das zunächst als einen künstlerischen Absturz aufgefaßt. Zumal es von August '83 bis Juni '84 dauerte, bis wir, der Komponist Lutz Glandien und die Lyriker Mensching und Wenzel und ich, das neue Programm *Kinobesuch* fertig und schließlich auf der Bühne hatten. Nun hätte ich beim Radio wieder aufhören können, aber gerade zu der Zeit fing die Arbeit dort an, mich zu interessieren. Ich habe bei Jugendradio DT 64 Sendungen machen können, die mir wichtig waren, ergo bin ich nicht so gerne weggegangen. Und sicher wäre ich's auch nach vier Jahren nicht, wenn nicht beide Berufe ihr Recht und sehr viel Zeit gefordert hätten.

Natürlich muß man zu *Kinobesuch* noch einiges sagen. Die Premiere 1984 im Theater ›bat‹ lief sehr gut, was alles in allem wohl auch auf ein gewachsenes Interesse des Publikums an der Behandlung der Fragen, die uns Frauen betreffen, zurückzuführen war. Es gab für mich immer Themen und Ideen, die ich liegen hatte, von denen ich dachte, da müßte man sich mal ranmachen. Zum Frauenthema hatte ich eine Menge Material gesammelt, eine dicke Mappe voll, und als Lutz Glandien, den ich von Schicht kannte, nach Berlin kam, planten wir, etwas miteinander zu machen. Lutz hat komponiert, ich habe die Texte sortiert − aber es wurde kein Programm. Nur eins stand fest: Die Szene *Das Erwachen* von Dario Fo und Franca Rame, das war meine Prüfungsarbeit an der Theaterhochschule gewesen, die wollte ich unbedingt einbauen. Aus diesem Grund spielte ich sie Wenzel/Mensching vor, die sie als Anregung für das ganze Pro-

gramm benutzten. In dieser Szene sucht eine Frau zwanzig Minuten lang ihren Schlüssel, und die Suche nach etwas wurde die Grundmetapher für das *Kino*-Programm. Hans-Eckardt Wenzel und Steffen Mensching, mit denen ich lange befreundet war – schon in der Zeit, als die Enkel zu arbeiten anfingen –, haben ein sehr dichtes Programm geschrieben, das mir sehr gefiel. Es war *mein* Programm. Daß ich mehr konnte, als man bei JAHRGANG von mir gesehen hatte, wußte ich immer. Deshalb war es etwas witzig für mich zu hören: Die Pietsch hat aber einen Sprung gemacht! Trotzdem tat das gut, und das tut immer noch gut. Die Menschen im Saal sind schließlich der einzige Gradmesser, wenn du wenig in die Medien kommst. Die Leute von der Platte sehen sich das Programm gar nicht erst an, das Fernsehen findet es obszön, und für den Rundfunk ist Liedtheater nicht besonders geeignet. So spielt man überwiegend in Jugendklubs, nicht selten unter schwierigen Bedingungen, bleibt irgendwie ›Geheimtip‹ – und das nervt langsam, wenn man über Vierzig ist. Andererseits ist *Kinobesuch* sehr oft gelaufen, an die 200mal. Es läuft immer noch und hat – auch ohne die Medien – schon viele Leute erreicht, und darum geht es schließlich. Denn wenn ich zunächst vom Frauenthema sprach, so heißt es ja nicht, daß dieses Programm nur Frauen interessiert. Ich sage immer, es ist ein Quasi-Frauenprogramm, ein Menschenprogramm. Ich weiß, wir leben auch in diesem Lande in einer Männergesellschaft, und auch hier muß es Veränderungen geben. Das wird nicht schnell gehen und wirft Fragen auf. Wir haben uns aus diesem Grund mit dem Faktor Zeit im *Kino*-Programm beschäftigt, auch aus diesem Grund spiele ich da verschiedene Modelle durch. Rauskommen muß am Ende für die Frau: Mir kann das keiner abnehmen, die Emanzipation der Frau beginnt bei mir selbst. Die Frau muß lernen, sich zu überwinden, eigene Ansprüche zu formulieren, sie durchzusetzen. Und sie muß lernen, daß dies nicht nur gegen die Männer möglich ist, sondern vornehmlich gemeinsam mit ihnen. Ein anderer wichtiger Gedanke ist – und das haben Stefan und ich ja schon 1982 im Brecht-Programm versucht –, die Illusion von der Normalität des Glücks zu zerstören. Diese höchste Position sollte man als eine erstrebenswerte erhalten, die man immer neu herstellen muß, und nicht als die normale, die man irgendwie bekommt, und dann ist es gut. Ich glaube, daß man diese wichtigen Überlegungen und Denkanstöße in *einem* Programm nicht ganz erfassen, irgendwie ›abhandeln‹ kann. Sie begleiten eigentlich die gesamte Arbeit über Jahre und finden sich auch im Ingeborg-

Bachmann-Programm von 1988, das zusammen mit Reinhard Drogla und Norbert Förster, Jens Naumilkat und Bernd Weißig entstand. Ich muß allerdings dazu sagen, daß dies nicht mein Programm war. Ich war mehr Interpretin und hätte eine andere Textauswahl getroffen, weniger den *Rom-Essay* und lieber *Undine geht*, einen Text, der mir näher ist. Aber wir haben verabredet, daß mir die Musiker bei meinem Bachmann-Abend zur Seite stehen.

Und weil ich gerade bei den Arbeiten bin, die in der letzten Zeit für mich eine Rolle gespielt haben, sei vielleicht noch das Brecht-Programm mit der ZERBE-BLECH-BAND kurz genannt, ein Abend mit den großen Hits aus der *Dreigroschenoper* und *Mahagonny*. Das macht einen Riesenspaß, wie es nicht anders sein kann, wenn vierzehn exzellente Musiker hinter dir stehen. Dicht an Weill und Eisler dran und dann doch jazzig frei, klingen die alten Songs plötzlich wieder neu. Leider ist das Interesse an diesem Programm im Ausland zur Zeit noch größer als hier.

Über das derzeit Wichtigste läßt sich leider noch nicht viel sagen, denn wir stecken voll in den Proben. Das neue Programm ist wieder ein Ein-Personen-Stück, geschrieben von Hans-Eckardt Wenzel. Dietrich Petzold und Ulf Lebus haben die Musik gemacht. *Pas de deux Allemand* heißt das Stück, und die Geschichte läßt sich natürlich nicht in wenigen Sätzen erzählen. Aber es geht wieder um das Aufeinanderzugehen, das Miteinanderleben, aber in einem größeren geschichtlichen Rahmen und mit größeren Anforderungen an mich. Das Stück ist leiser als der *Kinobesuch*, sehr episch, sehr stark getragen durch die Musik, und ich spiele drei Personen. Premiere ist im Juni '88 auf der Probenbühne des Berliner Ensembles. Und es wäre nicht schlecht, wenn ich hinterher wieder hörte: Die Pietsch hat aber eine Sprung gemacht.«

Als ich wieder auf der Straße bin, ist es schon dunkel. Die Marienstraße, fast menschenleer, hat auch schon bessere Tage gesehen. Ich trage meine Eindrücke nach Hause und überlege, wie ich ihr, der Gina, am besten gerecht werden könnte. Elogen sind sicher fehl am Platz. Schließlich bin ich nicht nur beeindruckt von dem, was sie seit Jahren als Ein-Frau-Theater erarbeitet hat, mich faszinieren auch die Beharrlichkeit und die Ehr-

lichkeit dieser Frau. Wenn man versuchen will, das irgendwie zu
vermitteln, dann sicher nur so authentisch wie möglich…

W. B.

Hans-Eckardt Wenzel · Steffen Mensching

Die Geschichte meiner Uhr

Meine Großmutter hieß Charlotte.
Ihr Vater war Bonbonfabrikant
In Liberez, der Bruder bei der Handelsflotte
Fuhr oft nach Feuerland.
Großmutter ist kaum aus dem Haus raus gekommen.
Der Bruder ist oft übern Äquator geschwommen.

Großmutter bekam zur Einsegnung
Eine Uhr mit goldenem Armband.
Die trug sie bei der ersten Begegnung
Mit Großvater, am Badestrand.
Großvater ist nie übern Äquator geschwommen.
Er hat aber Großmutter zur Frau genommen.

Diese Uhr hatte zwölf Steine.
Und ihr blieb nur die Uhr, als der Kaiser befahl:
Es ist Krieg. Großvater verlor seine Beine,
Und ihr Vater verlor sein Kapital.
Großmutter hatte die Uhr aus dem Schrank genommen:
Großvater war punkt Sieben aus dem Krieg gekommen.

Meine Großmutter hieß Charlotte Trude.
Ihre Verhältnisse waren beschränkt.
Ihre Mutter hatte eine Würstchenbude.
Ihr Vater hat sich 1919 erhängt.
Großmutter hatte damals sehr abgenommen.
Mutter hatte zur Einsegnung eine Uhr bekommen.

Die Uhr hatte zwölf Steine
Und ein goldenes Armband.
Mutter war damals sehr alleine,
Bis sie meinen Vater fand.

Es war acht Uhr fünfzehn, Mutter hatte die Uhr genommen.
Da bin ich aus ihrem Bauch auf die Welt gekommen.

(1983)

Hans-Eckardt Wenzel · Steffen Mensching

Stunde zwischen Hund und Wolf

Die Sekunde im Kino, in der das Licht
Angeht, aber noch nicht angegangen
Ist. Gleicht sie unserem Leben nicht?
Angefangen und doch noch nicht angefangen.

Der Übergang des Nachmittags in den Abend.
Der Geschlagene am Boden, der aufsteht und
Auf den Knien eine Sekunde hocken bleibt.
Das leicht versalzene Mittagbrot. Oder wenn es
Im Mai noch zu kühl, im Oktober zu warm ist.

Die Sekunde im Kino, in der das Licht...

Wenn der Betrunkene noch auf dem Geländer
Balancieren kann, wenn der Mann im Traum
Aufschreit, weil er glaubt, ein wirkliches Messer
Fahre in seine Brust, wie der Regenwurm, der zur Hälfte
Aus der Erde gekrochen kam, den wir zerschneiden.

Die Sekunde im Kino, in der das Licht...

Wenn die Uhr stehengeblieben ist und die Zeit
Wir nicht wissen, wenn das Eis noch zu dünn ist
Zum Drübergehen für einen dicken Mann, wenn die Hände
Gar nicht blutig waren, sondern nur voller
Kirschsaft, wenn die gespeicherte Energie in den Batterien
Des Transistorradios nur noch für drei Minuten
Nachrichten ausreicht.

Die Sekunde im Kino, in der das Licht...

(1983)

WOLFGANG PROTZE
Mal ganz klein, mal global

Er ist *der* Liedermacher Potsdams und landete mit seinem *Alten Schulhof* einen der Hits der Singebewegung. Womit wir mittendrin sind in seiner Geschichte. Angefangen hatte alles 1970 an der Pädagogischen Hochschule Potsdam, allerdings unter völlig unmusischen Vorzeichen, denn der Oberschüler Protze — aus einem musikalisch »unbelasteten« Elternhaus kommend — schrieb sich für die Fachrichtung Mathematik/Physik ein. Aber, wie »Augenzeugen« zu berichten wissen, zu einer Kahnfahrt auf der Havel, die Teil der Immatrikulationsfeierlichkeiten war, kam er bereits mit der Gitarre unterm Arm und mit Liedern von Pete Seeger, Joan Baez und russischer Folklore.

Zurück an Land, hielt sich der Spaß am Singen, und nunmehr wurde die Singeszene durch den FDJ-Singeklub SPARTAKUS bereichert, vorweg Wolfgang Protze. Sie sangen kurzzeitig Lieder anderer Klubs nach, bevor der Student Protze anfing, die eigenen Erfahrungen und Erlebnisse in Liedform zu bringen, was wiederum andere Klubs animierte, die SPARTAKUS-Lieder nachzusingen. (*Der Mathelehrer Klein, Hausmeister Petzold* oder natürlich *Der alte Schulhof* sind bis heute aus Programmen von Schul- und anderen Singeklubs nicht wegzudenken.) Vielleicht, weil deren Inhalte relativ einfach nachvollziehbar sind, denn diese Lieder »aus der Schule« sind direkt aus Wolfgangs und seiner Kommilitonen Alltag heraus entstanden, ohne tiefgründige philosophische Reflexion, unspektakulär, sympathisch.

Mitte der 70er Jahre dann warfen Protze und seine Mitstreiter einen Blick über den Hochschulzaun hinweg auf die Neubaugebiete Potsdams; Lieder wie *Die Architektin* oder *Die Schwalben* entstanden. Und da Spartakus als einer der besten Klubs unseres Landes des öfteren zu Festivals und anderen Anlässen ins Ausland entsandt wurde, schrieb Wolfgang dafür und darüber neue Lieder – *W 50-Fahrer in Angola* beispielsweise.

»Alltag zu beschreiben bedeutet für mich im weitesten Sinne, Mut zum Leben zu machen, auch zu fragen, wie wir miteinander umgehen«, sagt er, der seit 1985 Profi-Liedermacher ist, auch gänzlich unspektakulär. »Sein« Thema Lebensweise ist auch das fast aller seiner Liedermacherkollegen, er fällt nicht aus dem Rahmen und betreibt – von 1979 an künstlerischer Oberassistent an der PH – das »Mutmachen« mit Liedern sowohl freundlich und auf sehr direkte Weise, als auch mit Mitteln politischer Satire. Vieles hat sich Wolfgang auf dieser Strecke von Franz-Joseph Degenhardt abgeguckt – das war eines Tages, da er auf der Bühne stand und sang, unüberhörbar. Seine Lieder waren genauso angelegt, wie man es von Degenhardt kennt, und auch die typisch Degenhardtsche Art zu singen übernahm Wolfgang – zumindest eine Zeitlang. Protze sagt dazu: »Ich habe Degenhardts Methode studiert, weil seine Art und Weise, gesellschaftliche Analyse zu betreiben, mich stark beeindruckt.«

Zu den Chansontagen 1979 trat Wolfgang – noch für Jahre Spartakus-Mitglied – erstmalig als Solist vor eine größere und dazu noch Fach-Öffentlichkeit. Er kam, sang und siegte – nahm den Preis des Schriftstellerverbandes mit nach Hause. Inzwischen ist Protze, nach sechs Jahren Kandidatur, Mitglied dieses Verbandes und hat bisher nach wie vor Liedtexte und Kurzprosa vorzuweisen, die er neben seinen Liedern von Bühnen aus »an den Mann bringt«. *Singende Lesung* heißt dieses Programm, das parallel zu anderen Projekten *(Protzen verboten, Patrouillen zu zweit)* mit seiner Gruppe im Konzertalltag gut läuft.

Wer nun spätestens bei dieser Behauptung seinen Einwand geltend macht, Wolfgang Protze sei in der letzten Zeit weniger aufgetaucht, hat damit so unrecht nicht. Zumindest, was ausgestellte Aktionen betrifft. »Ich habe über viele Jahre nur auf großen Bühnen gestanden, war bei Festivals im In- und Ausland (u. a. Sowjetunion, Bulgarien, BRD, Dänemark, Frankreich) da-

bei. Nun habe ich seit einiger Zeit aber zunehmend Freude an kleinen Klubs, auch in kleineren Orten. Gerade mit unserem Genre – dieser elementaren Verbindung von Wort und Musik – ist man so flexibel, kann sich einmischen. Und zwar damit, was *ich* zu sagen habe, was ich selber aufgeschrieben habe. Auftritte in Treuenbrietzen oder Zehdenick sind mir wichtig, bei Schülerkonzerten und in Kindergärten tanke ich auf. Diese Basisarbeit bedeutet mir heute mehr als bisherige Erfahrungen vor einem Publikum, das ohnehin auf Liedermacher-Lieder steht.«

Dennoch hat er diese Leute für sich nicht abgeschrieben, bedient sie solistisch oder mit Gruppe (Ingrid Protze – voc, acc; Martin Steger – viol; Winfried Rogel – keyb, p) beispielsweise zweimal monatlich im Potsdamer Lieder- und Chansoncafé (Café Rendezvous); was so einfach gar nicht ist, denn viele Leute sind dort längst Stammgäste. Da heißt's, sich ständig etwas einfallen zu lassen, auch wenn immer wieder vor allem die alten Lieder gefordert werden, vornan der *Schulhof*-Ohrwurm, den ich – zusammen mit seiner »Ausgrabung« *Wer möchte nicht im Leben bleiben* (Vera und Klaus Küchenmeister) – beim Stichwort Protze auch immer sofort vor mich hin summe…

P. S.

Wolfgang Protze

Energiespartips

Kohle ham wir ja genug,
wer wird denn da geizen,
vom Tagebau kommt Zug um Zug
zum Verheizen, zum Verheizen!

Ach, Herr Heizer, sehn Sie nur
sich den milden Winter an…
Geheizt wird nicht nach Temp'ratur,
geheizt wird immer nur nach Plan!

Die Heizung geht nur an und aus
und nicht zu regulieren,
da fliegt ein Dorf zum Fenster raus,
zieht ein Wald durch offne Türen.

Und die Tiefkühltruhe ist
shop- und delikatrandvoll,
wenn mal Strom ausfällt, dann frißt
es der Hund und fühlt sich wohl.

Sigmund Jähn schickt einen Weltraumgruß
per Funk hinunter aufs Revier,
sagt zur Besatzung der Sojus:
Seht mal her, da heizen wir!

(1987)

Wolfgang Protze

Märchen

Als die Märchenfiguren sahen, was einige Wenige mit unserer
Erde vorhatten, stiegen sie aus ihren Märchenbüchern und
mischten sich unter das Volk, um ihm Mut zu machen gegen
den Drachen, wie sie es schon immer getan hatten:

Eine Soli-Rocknacht erfanden
die Bremer Stadtmusikanten.

Und dieser unerhörte Krach
machte selbst Dornröschen wach.

Raketen verschwanden sogleich,
immer sieben auf einen Streich.

Vom Friedenskampf wurde überall erzählt,
denn Sechse kamen durch die ganze Welt.

Die Mickey-Maus hat unterdessen
ganz friedlich neben dem gestiefelten Kater gesessen.

Dafür schenkte Rotkäppchen ein
von Omis bestem Wein.

Den Guerilleros in der Nacht
ward' eine Tarnkappe gebracht.

Und mit gewissen Reportern draußen
unterhielt sich inzwischen Münchhausen.

Rapunzel schnitt den Zopf sich ab,
weil ihr die Punk-Frisur mehr Selbstbewußtsein gab.

Und auch keine Angst mehr haben
sieben Schwaben.

Journalisten schwammen vorbei
im süßen, süßen Brei!

Und hin zu dem Kriegstreiberpack
schlich Knüppel aus dem Sack.

So stiegen sie also aus ihren Märchenbüchern und mischten
sich unter das Volk, um ihm Mut zu machen gegen den Drachen,
wie sie es schon immer getan hatten. Denn sie werden es nicht
geschehen lassen, daß unsere Geschichte mit ihren Worten
beginnt: »Es war einmal…!«

(1985)

CHRISTIAN RAU
Lieder für das Publikum will ich singen

Welcherart sollten selbige sein, falls es sie gibt? Und wer eigentlich ist das Publikum? – Fragen, die sich mit einer solchen Prämisse aufdrängen. Die zweite klärt sich tendenziell mit Christians Grundsatz: »Leute, die mir zuhören, sollten nicht behelligt werden mit Dingen, die gerade meine Depressionen sind.« Zweifellos stimmen Lieder, die dieserart Gemütszustand reflektieren, kaum euphorisch. Aber was bleibt dann? Die pure Wiedergabe kleinster Alltäglichkeiten und kaum wahrnehmbares, zaghaftes Anzweifeln »bestimmter Mißstände«?

»Ich will mich einem möglichst großen Kreis von Leuten verständlich machen und nicht nur für Eingeweihte singen.« – So motiviert er seine Arbeit, oder erklärt er damit sein Nicht-anders-Können? Er singt vom Winter, vom Knopfannähen, vom langen Weg mit dem Bummelzug oder von der kleinen Rebecca, für die nicht mit Süßigkeiten, sondern mit einem Stück Schinken die Welt in Ordnung ist. Stimmt er Töne an, die eigentlich jeden angehen, wie das »Auch-Erwachsenen-Problem«, ständig Belehrungen ertragen zu müssen, oder *Fünf vor zwölf*, hinter dem man das Thema Nr. 1 dieser Tage vermutet – selbst dann spürt man lediglich minimale Andeutungen von der ganz individuellen Sicht desjenigen, für den man sich als »Publikum« ja Zeit genommen hat.

Der »begabte junge Liedermacher – als solcher werde ich im Veranstaltungsalltag immer wieder angekündigt« – fing als Vierjähriger unter dem Druck eines musikalischen Pfarr-Elternhauses an, Geige zu üben. Daraus wurde nie etwas, worauf er mit Beginn der fünften Klasse bis zum Abitur seine Stimme im Leipziger Thomanerchor schulte. Als stimmschädlich wurde an dieser Einrichtung die Schülerband angesehen, letztlich aber toleriert, und Christian war mit Gitarre und Tonabnehmer dabei, als sie in dieser Zeit, in der zweiten Hälfte der 60er Jahre, Hits wie *You Make Me Dizzy, Miss Lizzy* nachspielte. .

Während der sich anschließenden achtzehn Monate in Weißenfels agierte der Soldat Rau im Singeklub und spielte danach als Theologie-Student an der Karl-Marx-Universität in Leipzig wiederum mit alten Freunden in einer Band, auch Eigenes. »Damals fing ich an zu texten, aber das Publikum wollte lieber die Hitparade rauf und runter hören. Auch deshalb habe ich die Gruppe dann ›an den Nagel gehängt‹ und begonnen, allein mit der Gitarre meine Lieder zu singen.« Das Publikum — wiederum also bewog »es« Christian, eine Entscheidung zu treffen, die zunächst schnell Erfolg brachte. 1975 erhielt er bei den Chansontagen in Frankfurt/Oder den Preis des Verbandes der Komponisten und Musikwissenschaftler, »der zumindest bewirkte, daß die damalige Chefin der Leipziger Konzert- und Gastspieldirektion nichts mehr gegen die längst beantragte Zulassung als Profi-Liedermacher einzuwenden hatte«.

Seit über zehn Jahren ist Christian Rau inzwischen in Berlin und freischaffend, hatte einige Jahre Gisela Steineckert zur Schwiegermutter und lebt nun zusammen mit seiner neuen Familie in Marzahn — ist dort, wie er sagt, »angekommen«. Er schreibt Texte und Musiken für eigene und andere Kinder- und Erwachsenenprogramme, liebt musikalische Zitate, die er öfter gebraucht, und »hängt« nach wie vor an der Rockstilistik der 60er Jahre, soweit davon bei einem Musiker mit der akustischen Gitarre überhaupt die Rede sein kann. '86 hat er eine Tournee und damit den Versuch gestartet, mit einer Gruppe unter Leitung von Tobias Morgenstern zusammenzuarbeiten. »Das war gut und interessant, aber ich hatte keinen engen Kontakt mehr mit dem Publikum. Das aber ist für mich das Wichtigste — die Kommunikation, die zwischen Bühne und Saal entsteht.«

Auch wenn er von der Bühne runter ist, will er für andere dasein. Das praktiziert er als Schreiber von Texten — sowohl für Liedermacher-Kollegen (sehr gute Kindertexte für ZEIT AB bei-

spielsweise), als auch für Schlagerleute wie Sascha Thom und Wolfgang Ziegler – und als »Funktionär«. Ab 1980 war er leitendes Mitglied des Arbeitskreises und seit 1985, seit Existenz der Sektion Chanson/Liedermacher, ist er einer der stellvertretenden Vorsitzenden. Darüber hinaus ist Christian mit dem schwierigen Amt des Vorsitzenden der Sozialkommission des Komitees für Unterhaltungskunst ausgestattet, hat sich also um die Arbeits- und Lebensbedingungen Hunderter Unterhaltungskünstler unseres Landes zu kümmern. Bleibt dann noch Zeit, schreibt er neue Lieder und fährt damit und mit den alten im Lande und anderswo umher. Seine *Lieder aus dem Sack* für Kinder kann man kaufen – sie wurden mit ZEIT AB und Tobias Morgenstern und Gruppe 1988 bei AMIGA produziert.

P. S.

Christian Rau

Septemberlied

Meine Stadt hat mich wieder
Ich war lange unterwegs
An der Küste mit den übervollen Stränden
Meine Stadt hat mich wieder
Und sie geht mir auf'n Keks
Sperrt mich ein in ihren vielen tausend Wänden
Und wenn der Wecker schrillt
Denk ich haßerfüllt
Muß es denn ausgerechnet heute früh schon sein?
Nein!

Meine Stadt hat mich wieder
Mein Poetenalltag auch
Und das Telefon zerklingelt mir die Ruhe
Meine Stadt hat mich wieder
Ich steh ziemlich auf'm Schlauch
Hab'n Sonnenbrand und abgelatschte Schuhe
Und ein Finanzproblem
Hab ich außerdem
Verehrter Freund, vielleicht kannst du mir etwas leihn?
Nein?!?

Meine Stadt hat mich wieder
Und der Streß beginnt von vorn
Da hilft alles nichts, ich muß mich dran gewöhnen
Meine Stadt hat mich wieder
Hol der Teufel Kühlungsborn
Promenadenklatsch mit eingeölten Schönen
Schon steht der Herbst ins Haus
Bald ist Nikolaus
Und eh wir's fassen, bricht das Weihnachtsfest herein
Neiiiiiiin!

(1985)

Christian Rau

Hühnerkanon

Sieben nette, fette Hennen
Wollten um die Wette rennen
Doch als sie den bunten Hahn
um die Ecke kommen sahn
Rannten alle auf ihn zu
Und raus bist Du!

(1987)

BERND RUMP
Nie Liedermacher dienstreisend

Einige seiner *Sing-Gedichte* sind in einem Buch gesammelt, das über den Autor zu berichten weiß: »Bernd Rump wurde am 1. Juli 1947 in Dresden geboren. Nach dem Abitur arbeitete er als Praktikant im Kraftwerk Hirschfelde und studierte von 1966 bis 1970 Ingenieurökonomie an der Technischen Universität Dresden...«

Schon dieser Anfang klingt nicht außergewöhnlich, und doch begann es gerade hier ernsthaft mit dem Berufsfremden, Außergewöhnlichen. 1967, am 1. Mai, an einem auch für Rump – zumindest inzwischen – historischen Tag. »Da hörte ich auf der Straße Leute von der FOLKLOREGRUPPE der TU Dresden singen, die sich gerade aus dem ein Jahr zuvor gegründeten HOOTENANNY-KLUB Dresden gebildet hatte. Damals ging es nicht in erster Linie darum, ob man singen konnte. Mich interessierte die Mannschaft, und ich fand eine Truppe, in und mit der ich mich entwickeln konnte. Zuvor hatte ich schon einmal in einer Schülerband ein bißchen Gitarre gespielt, mit Verstärkern aus alten, ausgeschlachteten Radios, und für die damaligen Verhältnisse etwas Besonderes zu bieten – ich konnte die Gitarre ein wenig zupfen!

Bei der FOLKLOREGRUPPE wurde ich sofort der Hausautor, obwohl ich vorher keine Lieder geschrieben hatte. Gedichte ja, weil wir einen guten Deutschlehrer hatten, bei dem wir manchmal anstelle eines Aufsatzes ein Gedicht zum Thema schreiben durften. Das lag mir – einfach, weil es wesentlich kürzer war. Inspiriert war ich damals in den Sechzigern auch von der Lyrik-

Welle, aber von den vielen Gedichten, die ich schrieb, sind die meisten zum Thema Pubertät und höchstens noch bei einigen Freundinnen zu finden.

Ein paar Jahre später – 1968 – benannte sich unsere Gruppe ganz bewußt um in PASAREMOS – Die Losung der spanischen Interbrigadisten ›Wir werden durchkommen‹. Es war die Zeit, die uns politisierte, die Zeit, die vor allem zu tun hatte mit dem Jahr 68 und mit Vietnam. Wir machten Veranstaltungen, sammelten und überwiesen Geld und überlegten, wie man sich dorthin melden könnte. Zu realisieren war das damals nicht, aber wir waren bereit. Klar, daß diese Zeit mit all den Ereignissen quer um den Erdball uns auch auf Lieder aus verschiedenen Ländern brachte. Mit diesen internationalen Liedern, die unsere Stärke waren, hatten wir großen Erfolg, obwohl der Boom erst zehn Jahre später kam.«

Damit spielst du offenbar auf den OKTOBERKLUB in Berlin an und seine ab Beginn der 70er Jahre auch international ausgerichteten Geburtstagsfeiern, aus denen sich das alljährliche Festival des politischen Liedes entwickelt hat.

»Ja, und doch war es anders, als wir damit anfingen. Wir hatten damals keine uns bereits bewußten Maßstäbe, waren völlig unbelastet und machten alles erst einmal neu. Später – auch mit den Festivals – lernten wir, daß es in der Welt längst bedeutende Leute gab, die so etwas produzierten.«

Kommen wir noch einmal kurz auf Berlin – Dresden und deren Singeszenen zurück. Wie war das Verhältnis in den Anfangsjahren, gab es Verbindungen?

»Für mich waren damals die neuen Lieder des OKTOBERKLUBS wichtig, die von Hartmut König und von Kurt Demmler. Wir waren an Zusammenarbeit interessiert, die es in Ansätzen mit HOP-KOOP ja auch gab. Aber wir wollten natürlich etwas Eigenes machen, und so habe ich später zusammen mit Jürgen Magister, der bis heute die meisten meiner Texte vertont, meine Strecke in Dresden ziemlich autark entwickelt. Hier gab es damals drei gute Singeklubs, die untereinander Verbindung hatten und zusammenhielten. Wir organisierten öffentliche Veranstaltungen, erst monatlich im kleinen Kreis – im damaligen Schallplattentheater. Später haben wir es bis zu Abenden im Hygiene-

museum mit etwa 1000 Plätzen getrieben. Die SONGGRUPPE hatte eine — sich insbesondere nachträglich als solche herausstellende — exzellente Musikbesetzung. (Die heutige BLUE-WONDER-JAZZ-BAND fast vollzählig.) Somit hatten wir die Voraussetzung, daß es klingt, was ich für Lieder als wichtig erachte.«

Die Frage nach dem Handwerk ist ja ein Thema, das in fast 25 Jahren Singebewegung und etlichen Jahren Liedermacher-Arbeit viele Diskussionen hervorgerufen und bestimmt hat.

»›Hauptsache, die Politik stimmt‹, dieser Meinung war ich nie. Wir alle, Autoren, Interpreten, Musiker, Organisatoren, hatten eines gemeinsam: Wir versuchten, mit dem, was wir machten, der Gesellschaft auf die Sprünge zu helfen. Und wir wollten die Studenten aus ihren Höhlen und Schlafgewohnheiten holen. Da mußten wir natürlich einiges bieten. Heute mag es lächerlich klingen, aber wir hatten wohl als erste Gruppe einen eigenen Bassisten auf der Bühne und schleppten eine selbstgebaute Anlage hoch. Wir haben Musik niemals schlechthin als Transportmittel betrachtet, sondern als eigenständiges Moment des gesamten Kunstwerkes. Um zu wissen, was sie kann und soll, mußte ein theoretischer Ansatz gefunden werden, z. B. in den Schriften von Hanns Eisler.«

Das Handwerk, um Texte zu schreiben, mußtest du ja auch erst erlernen!?

»Zu diesem ›Zwecke‹, vor allem aber um Zeit zu haben, sich intensiv mit Kunst zu beschäftigen, war ich von 1973 bis 1976 Student am Literaturinstitut ›Johannes R. Becher‹ in Leipzig. Allerdings ist das Handwerk des Schreibens nur bedingt erlernbar.«

Lieder funktionieren in einer Dreieinigkeit von Text, Musik und Interpretation, sagt eine »alte Weisheit«. Der Lied-Alltag zeigt nicht selten auch anderes. In welcher Weise siehst du die Wirkung deiner Arbeit als Liedermacher? Warum auf der Bühne neben der Gruppe auch der Alleingang?

»Lange Zeit habe ich bei PASAREMOS oder in der SONGGRUPPE gar nicht auf der Bühne gestanden, sondern ›nur‹ geschrieben, höchstens im Background gesungen. Das hatte mit einer Ästhetik zu tun, die meinte, ein S-Fehler gehöre nicht auf die Bühne. 1973 habe ich dann aber doch begonnen, ganz allein. Ich habe mich einfach hingestellt, meine Lieder gesungen und gemerkt, daß es funktioniert – manchmal sogar besser als mit der Truppe. Einen gewissen Anteil daran hat Kurt Demmler, mit dem ich seit der Kindheit lose befreundet war, und der als einziger sagte: Mach das! Der eigentliche Anlaß aber war, daß es auf einmal eine Art Lieder gab, die nicht die Gruppe, sondern den individuellen Ausdruck benötigte. Außerdem hatte ich mit Stefan Bunkenburg, der nicht mit in die Anfang 1971 gegründete SONG-GRUPPE kam und nach Berlin zurückging, auch meinen Hauptinterpreten verloren. In dieser Zeit fing ich an, Texte zu schreiben, die anders waren als bisherige, schon äußerlich, sehr lang zum Beispiel. Wären dazu Kompositionen entstanden, dann hätten sich daraus wohl damals pseudo-kammermusikalische Begleitkunststückchen entwickelt. Soviel Geschmack, diesem Trend nicht nachzugeben, war schon vorhanden. So bin ich mit diesen Texten eben allein auf die Bühne gegangen, nur mit meiner Klampfe. Da ging es nicht um Musik – wichtig war, daß ich hier etwas einbrachte, was nur ich einbringen konnte: Authentizität. Das ist wesentlich für mich, heute noch. Verbunden mit dem Bewußtsein, dem Gefühl des Gebrauchtwerdens. Es ist noch immer so, daß politische Bewegungen, denen ich mich zugehörig fühle, daß gesellschaftliche Aufbruchsphasen mich motivieren. Dabei sind mir die Texte, in denen auch eben diese problematisiert werden, die wichtigsten. Ich habe nie zum Broterwerb geschrieben und bin nicht als ›Liedermacher dienstreisend‹ unterwegs. Mein eigener Interpret zu sein war immer mein Hobby im Beruf. Besser fühlte ich mich im kollektiven Arbeiten mit Gleichgesinnten, im Ensemble mit Produzenten, in der freien, also freiwilligen Assoziation.«

Du grenzt dich von Liedermachern ab, die in ihren Liedern »zu sehr auf die kleinen Dinge des Lebens gehen«, und sagst: »Mich interessieren noch immer vor allem große politische Fragestellungen.« Und weiter: »Die verlangen heute meines Erachtens andere Kunstformen, wie beispielsweise die Dramatik.« Diese Auffassung hast du schon vor mehreren Jahren konsequent in Realität umgesetzt und arbeitest seit 1976 als Chefdramaturg, Autor und Schauspieler der sich 1975 aus einem Teil der SONGGRUPPE gegründeten Gruppe SCHICHT. Damit hast du, zusammen mit der Regisseurin Karin Wolf, das Liedtheater in Dresden initiiert. SCHICHT hat heute im »Kleinen Theater Reick« ein eigenes Haus, und ihr inszeniert Stücke, die nur selten ohne Lieder auskommen. Warum dieserart erweiterte Kunstproduktion, und wie bewältigt ihr die damit logischerweise größer gewordenen künstlerischen und organisatorischen Verpflichtungen?

»Ich grenze mich vom ›Schmus‹ ab, der sich hinter den sogenannten kleinen Dingen tarnt. Man muß versuchen, auf der Höhe seiner Zeit zu sein und auf der Höhe seiner Fähigkeiten produzieren. ›Hoppla, ich bin wieder 18‹ – das ist dumm. Wer Vierzig ist, wird gefordert und verglichen. Eigene Maßstäbe sind gesetzt, und es gilt, sich diesen zu stellen. Spiel wird Arbeit. Begonnen hat das Arbeiten schon in den 70er Jahren. In dem Moment, da wir künstlerisch besser wurden, war es nicht mehr möglich, am objektiv entstandenen Anspruch vorbeizukommen, hinter sich zurückzugehen. Wir haben versucht, Entdeckungen in den Kunstmitteln zu machen, die verschiedenen Möglichkeiten der Bühne – theatralische, musikalische, artistische usw. – systematisch zu nutzen, entwickelten eine integrative Kunstform, die Gegenwärtiges zur Debatte stellt, selbst aber auch Ausdruck dieser Gegenwart ist. In diesem konkreten Funktionszusammenhang entstanden und entstehen meine Lieder, von denen viele – obgleich nicht von vornherein so gedacht – auch für sich stehen. Was die Bewältigung der umfangreicheren Probleme, die unsere Theaterarbeit mit sich bringt, betrifft: Gute Zeiten waren immer dann, wenn bei aller Unterschiedlichkeit der Gruppenmitglieder die Interessen zusammenkamen – ohne Demokratismus, offen und ehrlich um das Gemeinsame gerungen wurde, wenn die Sache einigte. Wir sind jetzt eine stabile Mannschaft, die zusammenarbeiten kann. Musiker, die keine ausgebildeten Schauspieler sind, und Leute, die vom Schauspiel kommen, aber auf dem Musiksektor Laien sind. Beherrscht man eine Sache richtig, kann man sich auch etwas leisten, das man nicht gelernt hat. Die Voraussetzung: Jeder bringt für die Produktion Spezifisches ein – sich! Das ist ein Prinzip, das wir uns aus den besten Zeiten der Singebewegung erhalten haben. Und das fordert auch, voneinander zu wissen, daß einer, wenn er einmal nicht dabei ist, nicht schläft, sondern sich gerade um irgendeine andere Sache unseres Theaters kümmert. Vertrauen über die Arbeitsgesetze hinaus also. Wir haben kaum Trennung zwischen Kunst, Technik und Organisation – ich bin beispielsweise auch Abendspielleiter, reiße Eintrittskarten ab etc. pp. Diese besondere Produktionsweise bedarf immer wieder des Lernens, miteinander umzugehen.«

Integration, Kollektivität, Verständigung über Gegenwart, Multimediales, neuartige Zusammenhänge zwischen den Künsten, besonderer Umgang mit dem Publikum, Kommunikation – das ist ein Teil von einen bestimmten Kunstprozeß beschreibenden Stichworten. Interesse an diesem Prozeß führte zu der von SCHICHT initiierten Werkstatt *Lieder & Theater* und bestimmte von 1980 bis 1984 viermal eine knappe Woche lang im Dresdner Kulturpalast deren Arbeitsatmosphäre und intensive Diskussionen zwischen sehr verschieden mit Kunst beschäftigten Ensembles, Gruppen und Personen. Es waren produktive Experimente, die Künstler, Wissenschaftler und Kulturfunktionäre und Journalisten zusammenführten, im Bemühen »...um das Publikum, welches sich von einer verbreiteten Anbiederung an sogenannte Publikumsbedürfnisse scharf abgrenzt, sich aber zugleich als Gleiches unter Gleichen begreift, so auch elitäre Konzeptionen ablehnt...« (Rump) Obgleich es die Werkstatt in der Dresdener Variante nicht mehr gibt, prägt sie die Arbeit des SCHICHT-Theaters und die ihres »Kopfes« Bernd Rump.

P. S.

Bernd Rump

Gavroche

Ich bin das Volk, ich bin das Land,
es hat mich den Gavroche genannt.
Ich trau mir selbst – dem Herrgott nie,
komm steck das Rot ins Haar, Marie.

Ich war es, der die Steine warf,
ich mach die Guillotine scharf,
ich tanzte einst auf der Bastille,
komm steck das Rot ins Haar, Marie.

Ich sah, daß sich die Erde dreht,
ich sag, für einen Tag ists nie zu spät.
Brennt ihn, den Ketzer, schrien sie,
komm steck das Rot ins Haar, Marie.

Ich war es, der im Stadion sang,
sie holten mich nach Sonnenuntergang,
mich banden sie ans Kreuz, mich henkten sie,
komm steck das Rot ins Haar, Marie.

Ich sitz im Rinnstein der Vorstadt,
ich löste jenen Schuß in Petrograd,
ich war der Zeitungsjunge, der die Nachricht schrie,
komm steck das Rot ins Haar, Marie.

Ich fehlte in Saigon am Tag des Sieges nicht,
ich stehe auf dem Platz, wo Fidel spricht.
Den Meinen ich die Kräfte lieh,
komm steck das Rot ins Haar, Marie.

Ich kämpfte mit Luanda frei,
ich bin dabei am ersten Mai,
flog mit Gagarin in die Früh,
komm steck das Rot ins Haar, Marie.

Ich ändre mich, nicht mein Gesicht,
ich mache meinen Frieden nicht.
Es kommt der Tod der Bourgeoisie.
Komm steck das Rot ins Haar, Marie.

(1976)

Bernd Rump

Rückwärts-Vorwärts-Lied

Ich habe manches mitgemacht
Wir wechselten schon über Nacht
Die Losungen vorm großen Tor
Das hat mich um den Schlaf gebracht
Doch was ich mir auch sonst gedacht

Und wer auch drüber hat gelacht…
Ein Schritt rückwärts und zwei vor

Ich hab vergessen und gekannt
Manch Mann. Sah schütteln manche Hand
Sang zum Empfang im Kinderchor
Manch Bild fiel plötzlich von der Wand
Manch Rede fiel aus einem Band
Und fiel auch ab ein ganzes Land…
Ein Schritt rückwärts und zwei vor

Ich habe manchen Satz erklärt
Bekommen und auch selbst gelehrt
In Schwarz-weiß und Color
Das warn sie mir schon lieb und wert
Doch eh die Nacht den Tag verzehrt
Warn sie vergessen und verkehrt…
Ein Schritt rückwärts und zwei vor

Ich habe kommen sehn und gehn
So Jahre, Linien und Ideen
Und Schüsse in das eigne Tor
Da sah ich Leute tapfer stehn
Sah Mäntel sich im Winde drehn
Und häßlich war's und war's auch schön
Ein Schritt rückwärts und zwei vor

(1977)

Bernd Rump

Elbbrückenballade

Auf der Brücke an der Elbe
steh ich da und spuck hinunter
doch so sehr ich spuck, die Spucke
fällt herab und geht nicht unter

Ja, wenn ich hinunterspränge
gäbs ein viehisches Gedränge

und es kämen, ich wollt wetten
Polizisten, mich zu retten

Denn noch eh ich käm zu Tode
kämen die Patrouillenboote
um mit Stecken und mit Stangen
aus dem Flusse mich zu fangen

Würden mich ans Ufer tragen
und mir pumpen aus den Magen
bis das Wasser ich ausspucke
und wieder lebendig gucke

Und dann kämen tausend Fragen
und ich müßte ihnen sagen
warum ich denn abgesprungen
und viel Wasser hab verschlungen

Und ich könnte doch nicht sagen
daß gerade solche Fragen
einen könnten dazu bringen
von der Brücke abzuspringen

Und so steh ich da und gucke
und es springt nur meine Spucke
in den kalten Fluß hinunter
springt herab und geht nicht unter

(1983)

ARNO SCHMIDT
Flugstunden

So rigoros wie er hat keiner seiner Liedermacher-Kollegen den verbreiteten Wunsch nach einer eigenen Kapelle verwirklicht. Während andere immer nur erzählten und erzählten vom Flug zu neuen Lieder-Sternen, bastelte Arno Schmidt an seiner Rakete. 1986 hob das Unternehmen das erste Mal ab — Arno Schmidt und Band, vier exzellente Musiker, der Interpret/Komponist und ein Texter...

Eine Ursache für die Rigorosität ist sicher darin zu sehen, daß Arno sich in den Jahren davor überwiegend im Kreise gedreht hatte; seinen Konzerten wurde ein gutes Niveau bescheinigt. Aber dieses »gute Niveau« ist dem Mittelmaß näher als einer Spitzenposition. Grundlage seiner Auftritte war ohne Zweifel sein perfektes Gitarrenspiel, schließlich hatte er fünf Jahre an der Berliner Musikhochschule »Hanns Eisler« studiert: Fachrichtung Gitarre bei Rosemarie Ecke von 1976 bis 1981. In dieser Zeit war er auch Mitglied der Begleitformation von Barbara Kellerbauer, steuerte darüber hinaus eine Reihe von Kompositionen für ihr Programm bei. Schließlich wurde der Wunsch nach eigener künstlerischer Arbeit jedoch so groß, daß er sich für eine Solokarriere entschied.

Das war zunächst schwieriger als gedacht, denn woher bekommt man aussagekräftige Texte, wenn die eigenen Versuche in dieser Richtung sich als wenig überzeugend erweisen. Nach kurzer Suche fand Arno Schmidt dann in Ed Stuhler den Autor für sich, der nicht nur Eigenes zur Vertonung anbot, sondern in der Lage war, nach Schmidts Vorstellungen und Erfahrungen

Texte zu schreiben. Ihr erstes gemeinsames Programm war gleich ein gelungener Wurf. Es vermied Weitschweifigkeit und allgemeine Bekenntnisse durch die konsequente Beschränkung auf den unmittelbaren Lebens- und Erlebnisbereich der beiden, den Berliner Stadtbezirk Prenzlauer Berg. Fast alle Lieder bezogen sich auf Fotos von Bernd Heyden (1941–1984), eindrucksvolle Milieustudien aus einem sehr dicht bevölkerten Großstadtbezirk. Heyden porträtierte die »kleinen« Leute, das einfache Leben. Im »Wiener Café« (das inzwischen renoviert ist), im »Café Scala« (das es nicht mehr gibt), auf den Straßen, in den Höfen. Schmidt, Stuhler und Heyden hatten zwar eine vergleichbare Sicht auf diese Umwelt, der eigenständige Beitrag eines jeden machte jedoch die Differenziertheit, die besondere Faszination dieses Programms aus. Ein Programm mit dem Titel *Hier lebe ich*, zu verstehen als persönliche Festlegung, aber auch als einfühlsame Beschreibung. Der enge Raum im Viertel zwischen Schönhauser und Prenzlauer Allee schafft Nähe, Reibung und Produktivität. Und der beständige Zustrom junger Menschen bringt Bewegung, bringt mehr Farbe als die (in letzter Zeit) frisch getünchten Fassaden.

Arno Schmidt (Jahrgang 55) ist gebürtiger Rostocker und kam über einen Singeklub schon in der Schulzeit zum Liederschreiben, zum Singen. Seine Stimme ist warm und kräftig, sein Auftreten gewinnend. Und wenn auch nicht alle Stuhler-Texte restlos überzeugen, so erweisen sich doch Schmidts Vertonungen immer als einfallsreich und tragend. Die Kompositionen sind klar gegliedert, basieren auf weichen, einprägsamen Melodiebögen, haben mitunter volksliedhaften Charakter. Einen Einschnitt in Arno Schmidts künstlerische Laufbahn brachten die 6. Tage des Chansons 1981, als er dort mit guten Aussichten (und viel Vorschußlorbeeren) an den Start ging, allerdings schlecht präpariert. Der Mißerfolg in diesem wichtigen Wettbewerb wirkte sich in der Folgezeit hemmend aus. Weniger systematisch, weniger durchdacht setzte er die Arbeit an neuen Liedern fort, zu einem zweiten Programm kam es lange Zeit nicht. Das bereits genannte wurde lediglich erweitert, was seinem Gesamteindruck eher abträglich war, zumal die (sicher aufwendige) Präsentation der Heyden-Fotos auf großflächigen Aufstellern gänz-

lich aufgegeben wurde. Auch die zeitweilige Zusammenarbeit mit anderen Musikern (Norbert Förster, später Petko Datschew) konnte diesen Verlust an Authentizität nicht abfedern. Der Umschwung kam eigentlich erst fünf Jahre später, als viele Liedermacher hierzulande nach neuen musikalischen Gestaltungsformen suchten. Aber während andere sich noch auf Experimente oder kurzzeitige Fusionen beschränkten, entschied sich Arno Schmidt sehr schnell und mit aller Konsequenz für die Arbeit mit einer eigenen Band. Mit erheblichem Kraft- und natürlich auch finanziellem Aufwand wurde das Projekt aus der Taufe gehoben. Vier junge Musiker, frisch von der Hochschule, wurden fortan seine musikalischen Begleiter: Frank Seidlitz (g), Rolf Hammermüller (keyb), Erik Schlotter (dr) und Thomas Böhme (bg). Nach wenigen Wochen intensiver Proben gab es im Sommer 1986 das erste Konzert.

Sicher war damit noch nicht der Durchbruch geschafft. Denn schließlich macht es für den Sänger schon einen Unterschied, ob er zur Gitarre singt oder eine phonstarke Kapelle hinter dem Rücken hat.

Die Umstellung vollzog sich natürlich erst allmählich, entscheidender für Arno Schmidt war die Tatsache, daß er sein zweites, ein ganz neues Programm vorstellen konnte: *Aber Flie-*

189

gen... Das beharrliche Ringen um Eigenes, Unverwechselbares und die geschickte Nutzung rockmusiktypischer Ausdrucksmittel führte das Autorengespann Schmidt/Stühler aus der Talsohle, begründete eine neue Kreativität. Neben eher ruhigen, liedhaften Titeln wie *Die einen und die anderen* oder *Spiegellied* überzeugten vor allem kraftvolle Lieder wie *Mensch, Günter*, das die Geschichte eines jungen Philosophie-Dozenten erzählt, der durch engagierte Arbeit zwar politisches Desinteresse bei seinen Studenten überwinden half, am Ende aber doch an der unzeitgemäßen Starrheit seiner Vorgesetzten scheiterte. Teile dieses Programms sind auf einer Langspielplatte zu hören, die von AMIGA 1988 als Mitschnitt veröffentlicht wurde. Sie dokumentiert den Leistungsstand des Unternehmens von 1987, also noch die Zusammenarbeit zwischen Liedermacher und Band. Mittlerweile ist dieser Verschmelzungsprozeß vorangekommen, sehr genau ablesbar im 88er Programm *Jetzt oder nie*. Hatte zuvor Arno Schmidt alle Kompositionen (mit der Gitarre im Kopf) geschrieben, so kamen die Vertonungen jetzt überwiegend von Erik Schlotter und Rolf Hammermüller, die natürlich die gesamte Band mit ihren weitaus größeren Möglichkeiten »im Kopf« hatten. Das ist dem Programm deutlich anzumerken, die Musik ist rockiger, vielfältiger, fügt sich zu einem homogenen Klangbild.

Auch Stuhlers Texte folgen dieser Entwicklung, wirken geradliniger und genauer in der Sprache. Er beschreibt alltägliche Begebenheiten, setzt sich dabei kritisch mit gesellschaftlichen Strukturen auseinander, gestaltet Porträts wie etwa in dem Lied *Bello*. Besonders hervorgehoben werden sollten auch die Lieder *Wolln wir nicht mal* (eine Ermutigung zu mehr Nachdenken und persönlichem Engagement in unserem Leben), *Spielregeln* (die sich eingebürgert haben, aber eher konservativ sind) oder *Der kleine Spinner* (der Selbstdenker, der oft noch als störend empfunden wird).

Betrachtet man Arnos beharrliche Arbeit der letzten Jahre, so könnte man schon sagen, daß er das »Fliegen« doch noch gelernt hat. Allerdings beweist seine Entwicklung auch, daß man auf Gratisflugstunden nicht warten sollte...

W. B.

Ed Stuhler

Wiener Café

Im Wiener Café spielt das Duo Winter/Weide,
für die in Jeans, doch mehr für die im schwarzen Kleide,
vor allem sitzen an den Tischen ältre Damen,
die wegen Kaffee und Musik ins Café kamen.
Doch auch die Jungen mögen diesen Ort gut leiden,
im Wiener Café spielt das Duo Winter/Weide.

Ich weiß nicht, welcher Winter heißt und welcher Weide,
ich seh, sie spielen, und bewundere sie beide.
Doch wenn ich's recht bedenke, merke ich, ich neige,
wenn man mich fragt, wer mir gefällt, mehr zu der Geige,
denn der Flügel wirkt dagegen fast bescheiden,
im Wiener Café spielt das Duo Winter/Weide.

Den mit der Geige aber hält es nicht am Platze,
und so geschmeidig gleitet er, wie eine Katze,
durch das Lokal und zu den Damen an den Tischen,
zu den Koketten, auch den nicht mehr ganz so frischen,
es schluchzt die Geige und es funkelt das Geschmeide,
im Wiener Café spielt das Duo Winter/Weide.

Er kennt die einsamen und die verliebten Herzen,
er spielt in Dur, in Moll, doch meist spielt er in Terzen:
»Ich küsse ihre Hand, Madame« und immer wieder
»Man müßte noch mal 20 sein«, und all die Lieder,
für jeden individuell ein bißchen Freude,
im Wiener Café spielt das Duo Winter/Weide.

Im Wiener Café ist der Fortschritt ausgebrochen,
hab ich gemerkt, als ich dort war, vor ein paar Wochen,
ein kalter Hauch weht durch den Raum, wie von Kantine,
und wo das Duo saß, steht jetzt eine Maschine,
die nennt sich Disko, und ich sitze da und leide,
und ich hab Heimweh nach dem Duo Winter/Weide.

(1982)

Ed Stuhler
Fliegen

Ich hab gelernt, wie man Ammoniak synthetisiert,
ich hab gelernt, wo die Seychellen liegen,
ich hab gelernt, wie der Lockruf des Kanarienvogels klingt,
ich hab gelernt, wie Beuteltiere Kinder kriegen.
Ich habe Hunderte von wichtigen Jahreszahlen im Kopf,
ich könnte EDV-Anlagen programmieren,
ich habe sämtliche binomische Formeln parat,
ich kann Russisch und Französisch deklinieren,
aber Fliegen,
davon bin ich weit entfernt,
Fliegen hab ich nicht gelernt.

Ich hab gelernt, wie man den Eindruck macht, als hätte man
was drauf,
ich hab gelernt, tut man das nicht, gibt es Bambule.
Ich hab gelernt, wie man mit möglichst wenig Aufwand lernt,
ich hab gelernt, man lernt ja doch nur für die Schule.
Ich hab gelernt, wie man sich unsichtbar macht, wenn es nötig
ist,
solln sich doch andre die Rübe verrenken,

ich hab gelernt, mit zwei Wahrheiten umzugehn,
das eine sagen und das andere denken,
aber Fliegen,
davon bin ich weit entfernt,
Fliegen hab ich nicht gelernt.

Ich hab gelernt, daß ein Gespenst umgeht, ich weiß nur nicht
mehr wo,
ich hab natürlich auch im Kapital gelesen.
Ich hab gelernt, am besten liest man seine Zeitung aufm Klo,
ich hab gelernt, am besten schmeckt das Bier am Tresen,
aber Fliegen,
davon bin ich weit entfernt,
Fliegen hab ich nicht gelernt.

Fliegen heißt Siegen,
heißt sich erheben,
und nicht länger als Wurm
am Boden zu kleben.
Fliegen heißt Siegen,
und man hat schon gesiegt,
wirft man ab den Ballast,
der so unheimlich wiegt.

Ich hab gemerkt, mir hängen irgendwie Gewichte unterm Knie,
ich frag mich immer, woran kann das nur liegen,
ich hab gemerkt, wenn ich am Abend meine Stiefel auszieh,
dann ist mir leichter, aber das ist noch kein Fliegen,
aber Fliegen,
davon bin ich weit entfernt,
Fliegen hab ich nicht gelernt,
aber Fliegen…

(1985)

Ed Stuhler

Oh, Mutter

Du hast es natürlich gut gemeint,
du glaubtest, Verbote können nur nützen,
wir mußten stets pünklich zu Hausen sein,
du wolltest uns vor den Versuchungen schützen.
Du hieltest uns im Elfenbeinturm,
Du hieltest uns fern von den Schmuddelkindern,
wir sollten im Sommer nicht barfuß gehn
und hinter dem Ofen sitzen im Winter.

Oh, Mutter, du hast uns in Liebe umarmt,
oh, Mutter, du wolltest uns bewahren
vor der harten, der rauhen, der schrecklichen Welt,
vor wirklichen und vor erdachten Gefahren.

Du wußtest, was gut für uns ist und was nicht,
du hast uns am Sonntag nett angezogen,
wir liefen in Reih, und wir liefen im Glied,
wenns nötig schien, hast du uns auch belogen.
Wir wissen von dir, wie's woanders aussieht,
du hast uns so einige Märchen erzählt,
du hast uns gelehrt, was man wo sagt und wann,
und was man lieber für sich behält.

Oh, Mutter,...

Du hast nur die eine Art Liebe gekannt
und hast uns die Freuden der Sinne verteufelt,
das spricht man nicht aus, und da faßt man nicht an,
damit kämpfen wir noch heute verzweifelt.
Du hast uns gewarnt vor den süßeren Früchten,
du hast uns gewarnt vor verbotenen Blicken,
du wolltest uns blind, und du wolltest uns ganz,
man konnte in deiner Umarmung ersticken.

Oh, Mutter,...

(1985)

194

GERHARD SCHÖNE
Du hast es nur noch nicht probiert

Geantwortet hat er auf die Fragen meist zögernd. Worte kommen ihm nicht so scheinbar leicht und spielend über die Lippen wie Lieder. Eines aber sagt er, ohne zu zweifeln: »Man versucht immer, etwas für sich zu entdecken. So habe ich auch gezeichnet und Kunsthandwerk gemacht. Aber von all dem, was ich ausprobiert habe, kann ich das Liedermachen am besten.«

Achtzehn von ihm aufgeschriebene Stationen geben Auskunft über siebenundzwanzig Jahre, die es gedauert hat, bis Liedermachen und -singen zum Beruf wurden:

1952 Am 10. Januar erster Schrei im Diakonissenhaus Dresden, Beachtungserfolg beim anwesenden Publikum.

1953 Vater schreibt dem Baby ein Lied, Refrainzeile: »Hab' ich doch mein Männele, mein Männele hat mich.« Fortan bis zum Schulabschluß Spitzname: »Männel«.

1957 Auf dem Nachttopf sitzend, die zweite Stimme zu »Weißt du, wieviel Sternlein stehen« erfunden.

1958 Einschulung in die Klasse 1 d.

1959 Pfeifen gelernt.

1963 Inge Lehmann kommt neu in die Klasse. Das erste Liebeslied entsteht: »Ich liebe die Inge, und Inge liebt mich!« Nebenbuhler Lothar Leuschke schreibt sich das Lied ab und zeigt es allen. Er bekommt dafür Prügel.

1965 Singt zum ersten Mal im Theater bei den »Jungen Talenten« Lieder zur Mandoline. In der Zeitung steht: »Großen Beifall erntete Gerhard Schöne, Schüler der 7. Klasse, für seine selbstgedichteten Parodien.«

1968 Tränenloser Abschied von der Schule, fortan auf »eigenen Füßen« in Leipzig, Lehre als Korpusgürtler (kunsthandwerklicher Metallberuf), erste eigene Bude, neue Liebeslieder für neue Freundinnen und Auftritte vor allem in Kirchen.

1970 Hauptberuflicher Laienschauspieler in einer Theatergruppe der Landeskirche Sachsen.

1971 Spätere Frau Sabine kennengelernt.

1972 Ein Jahr musische Tätigkeit in der kirchlichen Jugendarbeit, nebenbei Tanz in der Gruppe eines Ausdruckstänzers.

1973 Briefträger in Coswig, Gründung einer Spielgruppe mit Freunden, zu einem spanischen Antikriegsstück Lieder verfaßt und inszeniert, später eigene Szenen zu Musik.

1974 Neben dem Postberuf Abendstudium für Unterhaltungsmusik/Gesang an der Musikhochschule Dresden.

1975 Teilfacharbeiter für Zustelldienst. Erste Auftritte vor Leuten, die Eintritt bezahlt haben.

1976 Übersiedlung zur Freundin nach Berlin, dort ebenfalls Briefträger, montags Studium in Dresden, abends Spielgruppe.

1977 Heirat.

1978 Hochschulabschluß und Einberufung zur NVA.

1979 Während der achtzehn Monate entstehen der Zyklus *Lieder-Galerie*, Lieder zu Bildern von DDR-Malern und etliche Kinderlieder. Ab Herbst freischaffender Liedermacher, seitdem auch dann und wann im Radio und Fernsehen zu hören.

Inzwischen kennt sie wohl fast jeder, die Schöne-typisch erzählten Geschichten. Von der Alten auf der Schaukel, vom manchmal Sachen sagenden Opa, vom Land Fantasia, das man am schnellsten im Gedankenflug erreicht, vom Tagebuch einer Fünfzehnjährigen. Oder jüngst entstanden, sozial schärfer, Lieder wie *Die zu früh aufgestandene Wahrheit* oder *Kaltes Klima*, ein harter Song über das harte Leben eines Mocambiquaners in unserem Land. Alles Alltäglichkeiten, die anhörens- und bedenkenswert werden, so wie der »Poet« und Liedermacher Gerhard Schöne das Erlebte zu sagen vermag. »Ich will Emotionen hervorrufen, Mut machen oder erschrecken. Ich will Anstöße geben, zu eigenen Schritten ermuntern, die man sich bisher vielleicht nicht zugetraut hat. Dazu muß ich allerdings genau überlegen, wie ich das mache. Also ist auch Rationalität im

Spiel, sachliche Überlegungen zu Formen zum Beispiel. Kriege ich dann so eine Art Rückmeldung und das Gefühl, daß ich bei den Leuten etwas bewegen kann, sie ermutigt habe und ein bißchen Spaß verbreiten konnte, dann habe ich geschafft, was ich mit meinen Liedern erreichen möchte.«

Gerhard Schöne weiß um die Wirkung seiner Lieder, seiner Programme, ohne pausenlos darüber nachzusinnen oder sich gar darüber auszulassen. Längst möchte er nicht mehr auf den weichen, netten, liebenswürdigen jungen Mann aus dem *Zimmer unterm Dach* festgelegt werden. Auch wenn er heute wieder unterm Dach wohnt – ein Schöne-Bild zeichnet dieses Lied höchstens ausschnittsweise. Wenngleich, zuallererst strahlt er Freundlichkeit aus. Keinesfalls aber eine, die mit Belanglosigkeit in Verbindung zu bringen ist. »...will nicht hoch hinaus« ist auf seiner ersten Platte (1981) zu hören – heute ist er »oben« – in der Gunst des Publikums von Drei bis vielleicht Dreiundneunzig (was schon wieder ein Grund wäre, über ihn und seine Art Lieder nachzudenken, Lieder, die mehrere Generationen angehen...).

»Ich habe mich nicht nach Popularität gedrängelt. Die ist, zuerst vor allem durch Fernsehsendungen, halt so gekommen. Inzwischen weiß ich, daß es ganz wichtig ist, populär zu sein. Nicht so, daß man immerzu auf der Straße angesprochen wird. Das brauche ich nicht. Aber es ist gut, wenn man sehr viele Leute erreichen kann. Nicht nur Insider, sondern auch Leute, die sich solche Lieder normalerweise nicht anhören würden. Sie tun es dann aber, weil sie mich im Fernsehen gesehen haben. Das sind Menschen verschiedenen Alters und aus unterschiedlichen Berufen.«

Was nun aber reizt insbesondere viele junge Leute, sich Zeit zu nehmen, Karten für ein Schöne-Konzert zu erstehen? Durchweg fehlt beim Erzählen von Lebenserfahrungen, die nicht selten schon fast -weisheiten sind, der abschreckende Zeigefinger. Niemand wird in seinen Liedern wegen Unachtsamkeit, Herzlosigkeit oder Unverständnis angeklagt – mit jeder Zeile ringt der Christ Gerhard Schöne um Achtsamkeit, Behutsamkeit und Verständnis im Miteinander. Er ist weniger Kritiker denn Warnender und findet so zahllose offene Ohren und Herzen vor allem bei den »Nachwachsenden«, die mit Appellen ansonsten doch so schnell zu nerven sind. Wobei von besonderer Anziehungskraft des Liedermachers phantasievolle Ausflüge zu sein scheinen, »einfach einmal aus sich herauszugehen, sich etwas zuzutrauen«.

Als mein gelber Wellensittich aus dem Fenster flog,
hackte eine Schar von Spatzen auf ihn ein.
Denn er sang wohl etwas anders
und war nicht so grau wie sie.
Und das paßt in Spatzenhirne nicht hinein.

Diese Zeilen sind wohl eine Art Gleichnis für Schönes Motivation, sich überhaupt künstlerisch zu artikulieren. Wie oft kommen sie einem in den Sinn, begegnet man im Alltag Dummheit und Intoleranz in ihren unzähligen Erscheinungsformen. Dieserart »Entwicklungshemmer« stellen Schöne-Lieder naiv-faszinierend bloß.

Soll er Ratschläge in Konflikten oder Entscheidungssituationen geben – viele Briefe befragen ihn danach –, fühlt er sich überfordert. Seine Lieder aber können es, natürlich kaum im konkreten Fall. »Mir kommt es darauf an anzuregen, darüber nachzudenken, wie wir leben, wie wir miteinander umgehen.« Solche »Anregung« betreibt er in »Klubs, Kindergärten, Kleinkunstbühnen, Kirchen, Krankenhäusern, Kasernen und Konsumgaststätten« – so für 1980 in der Schöne-Autobiographie »angezeigt«, was zumindest für 1987 um Kinos zu erweitern ist. Vor allem in solchen war er, begleitet von L'art de passage unter Leitung von Tobias Morgenstern, der die Schöne-Lieder zauberhaft-stimmig arrangiert hat, auf Tour durch das ganze Land – eine auch international praktizierte Möglichkeit, Liedermacher-Lieder unter die Leute zu bringen. Eine Sprache, die auf andere Weise für Publikum und Akteure gleichermaßen interessant ist. Die DDR-Idee dafür stammt von den Liedercircus-Tourneen (vergl. Circus lila) vorangegangener Jahre.

»Die Zusammenarbeit mit anderen Liedermachern hat mir immer viel Spaß gemacht und Interpretationsmöglichkeiten eröffnet, an die ich vorher gar nicht gedacht hatte. Und nun habe ich die neue Erfahrung mit der Band, vor der ich bisher immer

nach dem Motto ›Schuster, bleib bei deinen Leisten‹ zurückge-
schreckt bin. Zumal ich nicht so eine Stimme wie Herbert Grö-
nemeyer oder Rio Reiser habe. Nach dem Erfolg der Tournee
bin ich aber sehr froh, daß ich das einmal ausprobiert habe.«

Womit wir in unserem Gespräch bei der klingenden Seite der
Liedermacher-Arbeit wären. »Für mich ist die Musik viel mehr als
nur ein Transportmittel für den Text. Wenn die Grundidee für ein
Lied da ist, beginne ich oft parallel mit der Arbeit am Text und
mit der Ausformung der Melodie.« So entstehen Lieder, die sich
vielleicht nicht unbedingt sofort festhaken, dafür aber beim fünf-
zigsten Mal viele noch immer zum Hören reizen. »Bauch und
Kopf sollen durch meine Lieder angesprochen werden. Genau
wie bei einem guten Film. Und ich finde es grundsätzlich wichtig,
daß man bei einem Konzert unterhalten wird.«

Unterhaltung findet statt, wenn Gerhard auf der Bühne sitzt
– in seinen Liedern, mit ihnen und über sie. »Still vollziehen sich
Wunder und strömen die Düfte. Und wir machen um jeden Kram
so ein Tamtam!« singt er, und sofort stellt sich etwas her, was
man sich unter kommunikativer Atmosphäre vorstellt.

Von Sascha, der mühsam laufen lernt, erzählt ein anderes
Lied. Eines, das er unheimlich mag. »Jahrelang habe ich ge-

dacht, man müßte mal ein Lied über Körperbehinderte machen. Keinesfalls etwas Sentimentales, da sie alle darauf sehr allergisch reagieren würden, wie ich durch meine Schwester weiß. Irgendwann habe ich dann ein Protokoll einer Therapeutin gelesen, das mich nicht wieder losgelassen hat. Daher kam also ein konkreter Anstoß, und dann ist der *Sascha* entstanden.«

Komisch kann Schöne auch sein. Mit sehr direkten, bewußt plumpen Anspielungen auf modisch-cooles Gehabe — gleichsam herrlich hintersinnig — wie in *Geil, geil, geil* beispielsweise. Oder, im Verbunde mit Bernd Rönnefarth vom Circus LILA, als Präsentator ganz junger Kollegen im »Anlauf«, einer Veranstaltung, die zu den 8. Tagen des Chansons in Frankfurt/Oder 1985 Premiere hatte. Da war er Liedermacher, Moderator, Reporter und mindestens Schauspieler in einer Person. In diese Richtung will es Schöne übrigens in Zukunft weitertreiben. Für 1988 ist ein großes Happening geplant — mit Liedern natürlich und mit Kunststücken wie dem Feuerschlucken, woran er offenbar nach seinem Motto: »In der Feuerschluckerei ist immer Platz« eifrig probt.

»Meine Hauptbeschäftigung ist aber weiterhin das Liedermachen.« Neben Erwachsenen-Liedern entstehen auch immer wieder neue für die Kleinen, ohne die alten zu vergessen. Jule, die sich nie wäscht, Thomas, der im Traum die Meere bezwingt…, den Riesen Glombatsch und all die anderen »Helden« seiner Lieder werden noch kommende Kinder hoffentlich auch kennen- und vor allem mitsingen lernen. »Ich höre, wenn ich Kinderlieder schreibe, nur in mich selbst hinein. In jedem Erwachsenen steckt doch irgendwo ein Kind. Und ich glaube, ich kann aus meiner Erinnerung an das Kindsein gut mit Kindern empfinden. Anregungen für neue Lieder geben mir oft die Kinder selbst, durch ihre Reaktionen — Bilder und Briefe — auf meine Lieder.«

1987 singt Gerhard Schöne auf einer LP *Kinderlieder aus aller Welt*, die er seit Jahren sammelt. Ob beim Frühstück mit ausländischen Gästen der alljährlichen Festivals des politischen Liedes in Berlin, ob von in unserem Land lebenden Genossen aus Lateinamerika, ob in Briefen von Leuten, die seine Aufforderung in Konzerten und bei anderen Gelegenheiten ernst genommen haben, Lieder aus den verschiedensten Ländern der Erde zu schicken, oder ob auf Reisen wie im Sommer 1987 in Nikaragua. Weit über 100 sind schon nachgedichtet, die Gerhard Schöne später einmal in einer Sammlung veröffentlichen will, »am besten als Taschenbuch, damit man sie jederzeit parat hat«.

P. S.

Gerhard Schöne

Du hast es nur noch nicht probiert

Gleich kommt der Staatsmann vorbei
im Diplomatenconvoi,
die Polizeieskorte rollt langsam heran.
Du hebst gebietend die Hand, und die Eskorte hält an.
Du nimmst den Staatsmann mal ganz herzlich in den Arm.
Und du sagst ihm ins Gesicht,
was dir gefällt und was nicht
und welchen Wunsch du offen hast.
Und er bedankt sich ganz lieb
und sagt: »Das war'n guter Tip!
Sein Sie heut abend mein Gast!«

Du hast es nur noch nicht probiert
und darum glaubst du's nicht!

Im Kino kommt heut ein Film
mit dieser Schauspielerin,
bei der dein Herz so klopft, daß sich die Jacke beult.
Sie sitzt vorm Spiegel betrübt und fragt: »Ob einer mich liebt?«
Das halbe Kino schluckt. Das halbe Kino heult.
Da stehst du auf und rufst: »Ich!«
Und alle starren auf dich,
doch sie springt aus der Leinwand raus.
Ein leerer Fleck bleibt im Bild,
ihr zwei umarmt euch wie wild,
dann geht ihr glücklich nach Haus.

Du hast es nur noch nicht probiert
und darum glaubst du's nicht!

Du gibst dich so stinknormal. Es ist dir selbst ein Qual.

Doch eines Tages fällst du auf im Einerlei.
Da explodiert dein Gefühl, du tanzt im Menschengewühl.
Du bist ein Tango, ein Vulkan, ein Jubelschrei.
Die Leute rings um dich her
erstarrn und atmen nicht mehr.
Die Zigaretten gehen aus.
Es schweigen Autos und Bahn,
dein Tanz hält Flugzeuge an,
und endlich donnert Applaus.

Du hast es nur noch nicht probiert
und darum glaubst du's nicht!

Mensch, du bist hart wie ein Stein,
wie zärtlich könntest du sein,
und die gefrornen Blicke taun wie nichts dahin.
Mensch, du bist stumm wie ein Fisch, und alles wartet auf dich.
In dir steckt doch noch so viel Ungeahntes drin!
In dir schläft Tanz und Gesang,
und was noch keinem gelang,
das packst vielleicht gerade du.
In dir schläft Mut, Phantasie,
na und vielleicht ein Genie.
Na los, nun trau dir's doch zu!

Du hast es nur noch nicht probiert…

(1986)

Gerhard Schöne

Mit dem Gesicht zum Volke

Ich saß in einem weiten Saal, ein bißchen eingezwängt.
Zu viele Menschen hatten sich noch durch die Tür gedrängt.

Das Podium vorn, noch menschenleer, von Neonlicht erhellt,
mit Tischen, Stühlen und mit Mikrophonen vollgestellt.

Und ohne Zeremonienkram, von Beifall kurz begrüßt,
betrat nun der Regierungsstab das Podiumsgerüst.

Der erste Mann des Staates sprach, das Mikro in der Hand,
er sei auf alle Fragen aus dem Volke nun gespannt.

Gleich flogen ein paar Arme hoch, die Sprecher standen auf.
Was auch die Leute fragten, vorn gab's eine Antwort drauf.

Mal sprach eine Ministerin und mal ein Kommandant.
Die Antwort gab stets einer, der das Sachgebiet verstand.

Nur ich verstand nicht allzuviel, mir reichte, was ich sah.
Ich träumte nicht. Ich saß dabei in Nicaragua.

Und die Versammlung hieß:
MIT DEM GESICHT ZUM VOLKE
MIT DEM GESICHT ZUM VOLKE
MIT DEM GESICHT ZUM VOLKE
(Nicht mit den Füßen in 'ner Wolke, nein:)
MIT DEM GESICHT ZUM VOLKE
MIT DEM GESICHT ZUM VOLKE
MIT DEM GESICHT ZUM VOLKE
JA

Hier las kein Mensch vom Zettel ab. Hier sprach man alles aus.
Oft gab es Zwischenrufe und Gelächter und Applaus.

Das findet immer wieder statt und jeder darf herein.
Und keine Frage ist zu heiß und kein Problem zu klein.

MIT DEM GESICHT ZUM VOLKE
MIT DEM GESICHT ZUM VOLKE ...

Ach, kleines Nicaragua, so stolz und so bedroht,
noch brauchst du fremde Hilfe, sonst wär bald eine Hoffnung

tot.

Doch gib du nicht nur Wolle, Fleisch, Kaffee und Silber fort.
Nimm auch noch etwas anderes mit auf in den Export.

Ich meine:
MIT DEM GESICHT ZUM VOLKE
MIT DEM GESICHT ZUM VOLKE ...

(1988)

Gerhard Schöne

Raxli faxli

Es war ein Junge, der hieß Axel,
der fand es meistens ganz gemein,
wenn sich Erwachsne unterhielten
und sagten: »Du bist noch zu klein.«
Dann wählten sie ganz schwere Worte
und haben über ihn gelacht.
Doch eines Tages hat sich Axel
auch was Verzwicktes ausgedacht.

Raxli, faxli, pulli paxli,
Ronte monte mo!
Talla tulla, malla mulla,
Huka luka lo!

Erstaunt sprach Onkel Hans zum Vater:
»Der Axel ist ein kluges Kind.
Was heut die Kinder alles lernen.
Da sieht man mal, wie weit die sind.«
»Kannst du das noch mal wiederholen«,
hat Vater ehrfurchtsvoll gefragt.
Nun schauten alle auf den Axel,
und Axel hat noch mal gesagt:

Raxli, faxli ...

Am nächsten Morgen in der Schule,
es war im Fach Biologie.
Der Lehrer sprach von kleinen Tieren,
Pantoffeltierchen heißen die.
Da dachte Axel an den Vater,
denn der hat auch Pantoffeln an.
Und plötzlich sollt' er wiederholen,
da zeigte Axel, was er kann.

Raxli, faxli ...

Der Lehrer wollt' sich nicht blamieren,
daß er kein Raxli faxli kennt.

Er wußte nichts von pulli paxli,
geschweige denn von ronte ment.
Drum sagte er: »Ganz ausgezeichnet,
und wissenschaftlich ausgereift.
Sag es noch einmal, lieber Axel,
damit es jedes Kind begreift.«

Raxli, faxli...

Nach zwanzig Jahren sahn die Leute
im Fernsehn einen klugen Mann.
Der hieß Professor Doktor Axel,
den riefen viele Leute an.
Der wußte immer eine Antwort,
was ihn die Leute auch gefragt.
Er schob die Brille auf die Nase
und hat bedeutungsvoll gesagt:

Raxli, faxli...

(1980)

RAINER SCHULZE
Ich glaub', ich muß unnormal sein

Er sei Buchhändler, höre und lese ich. Stimmt, diesen Beruf hat er erlernt. Seit reichlich zehn Jahren ist er darin sein eigener Chef und der von »Jüttners Buchhandlung« in einer der fünf Geschäftsstraßen in Wernigerode. In deren Schaufenstern entdecke ich vorwiegend Kunstbücher und DDR-Gegenwartsliteratur – Irina Liebmann und Helga Schubert beispielsweise. Außerdem fallen Plakate auf, die fünf- bis sechsmal im Jahr für eine jeweils vierwöchige Ausstellung von Grafiken im Laden werben. (Hier gab es in Zusammenarbeit mit dem Kulturbund 1981 die ersten regelmäßigen Grafikausstellungen in Wernigerode überhaupt, und bisher stehen weit über dreißig zu Buche.) Er ist Gesprächsführer, wenn bei ihm Lesungen mit Diskussion zu Neuerscheinungen auf unserem Buchmarkt stattfinden. Und er layoutet besagte Plakate wie auch Kalender, Packpapier und diverse »Kleinigkeiten«, die zu seiner Verkaufskultur gehören.

Er ist Herausgeber von Reprints über den Harz und Initiator von »Kulturzentrum Wernigerode«, einem Anwesen von sieben zu restaurierenden Gebäuden, in dem sich bis 1990 ein Hoftheater, Ateliers und andere Räumlichkeiten (zur Kunst-Ausübung) befinden sollen. Er arbeitet als aktiver Denkmalpfleger – auf seinem Hof steht neben anderen ein aus neunzig 300 Jahre alten Balken bestehendes eigenhändig wiederaufgebautes Fachwerkhaus. Und er ist Geschichtsschreiber, zumindest was die Geschichte seiner Buchhandlung betrifft, welcher gerade, als ich ihn besuchte, 111 Jahre »Jüttners Buchhandlung« und eben zehn Jahre Buchhandlung Rainer Schulze ins Haus stand.

Und – fragt sich, wann eigentlich, aber – er ist Liedermacher, genauer: Sänger von »zum Kabarett tendierenden Liedern«.

»Den Namen Schulze haben Sie bestimmt schon mal gehört, aber Rainer Schulze, bitte, wer ist das?« – Die Frage im

»Vorwort« seines Programms beantwortet sich für alle Zeiten, hat man den singenden Rainer Schulze einmal erlebt. Er hat das Image des optimistischen jungen Mannes – in eher biederem Aufzug mit einfarbigem Hemd und schwarzer Hose. Und er pflegt es. Ein »vom Grunde her« Freundlichsein guckt immer durch, gleich ob er (schön) singt, Texte interpretiert oder einfach nur erzählt. So funktioniert seine Art, Kunst zu machen, und es entsteht etwas, das sich wohltuend unterscheidet von vielem, was sich Kabarett nennt, von jenem, »das meist nur von Reizworten lebt«, wo Schenkelklopfen über allzu kleinkarierte Alltagsproblemchen angesagt ist und weiter nichts. »In den meisten Fällen ist der Effekt meiner Lieder, daß Themen, die es auch in der Zeitung zu lesen gibt, auf eine Art und Weise behandelt werden, daß man sie wieder bedenkt.«

Das obliegt textlicherseits vorwiegend Wolfgang Schaller, Dramaturg, Autor und Regisseur der Herkules-Keule, einem gestandenen Kabarett-Mann also, dessen Sicht und Schreibweise für Schulze wie geschaffen scheint. Seit 1982, seitdem sich beide kennen, singt er kaum noch anderes. (Nur ganz selten noch interpretiert er Georg Kreisler, das große Wiener Vorbild.) »Aus anderen Einsichten und dem Wissen um die Notwendigkeit, etwas Eigenes zu sagen und auf ärgerliche Dinge aufmerksam zu machen, die für uns schon fast selbstverständlich sind, daraus wurde mit Schaller endlich Realität. Vieles denken wir miteinander aus, letztendlich aber schreibt der Schaller. So entsteht immer etwas, so wie er mich sieht. Und je besser unsere Sichten übereinstimmen, desto mehr hört es sich an, als wären die Texte von mir. Wie er hätt' ich es eben auch 'sagen mögen, nur nicht können. Aber es gibt auch Schaller-Texte, die ich nicht machen kann.«

Was die Kompositionen betrifft, da ist Schulze allein tonangebend. »Ich habe vom Musikschreiben keine Ahnung. Ich versuche nur, den Text zu transportieren. Das heißt, ich versuche, hinter die Musik zu kommen, die im Text vielleicht schon drin ist«, verkündet er »weise« und zugleich etwas kokett. Denn offenbar hat er zumindest »den Nerv für den schwebenden Akzent, die feine Unterstreichung«. (Wolfgang Lange, LP-Rezension in »melodie + rhythmus«) Wie im Kabarett noch nicht so oft ist Schulze-Musik unaufdringlich, Texte werden von ihr nicht vergewaltigt, und seines Trostes für die Autoren: »Gute Texte überleben ihre Vertonung«, bedarf es wohl kaum.

»Ich kann nicht singen«, gibt er weiterhin zum besten, womit nun die Koketterie faustdick in unser Gespräch kommt. Denn, das 1 × 1 des Gesangs hat er als zarter Knabe — »ich bin ein ausgesprochener Spätentwickler« — im Chor der Gerhart-Hauptmann-Oberschule Wernigerode, dem heutigen RUNDFUNKCHOR WERNIGERODE, erlernt. Und seit 1978 ist er im Besitz eines Berufsausweises als Sänger.

Sitzt Rainer Schulze auf der Bühne am Flügel, befinden wir uns in unserem Alltag. *Sozialistischer Biedermeier* ist daraus noch genauso wenig wegzudenken wie *Das Durchschnitts-As* oder *Die Rund- und die Eckköpfe.* Den *Heldenmarsch der Abiturienten* hat man vor etlichen Jahren so ähnlich mit-»geblasen«, und beim *Tückischen Marsch* (Musik: W. A. Mozart, bearbeitet von R. Schulze) bleiben die Töne beim Mitträllern irgendwann bestimmt im Halse stecken.

Beißende Satire, freundlich angeboten, der Spaß nach Schulze/Schaller-Machart, ist eben nicht nur lustig, macht erstaunt und sehend. Die Gefahr besagten unproduktiven Schenkelklopfens ist weit, selten spürt man aus seinen Liedern so etwas wie die »Moral der Geschicht'«. Dafür geht es kaum ohne Augenzwinkern ab, ohne Verblüffung erzeugende Zusammenhänge und vergnüglich-befreiendes Lachen über — uns allen keineswegs fremde oder unbekannte — Charakteristika von Menschen, Dingen und Prozessen.

»Depressionen bringen nichts, wenngleich sie im Alltag gelegentlich naheliegend sind. Deshalb will und muß ich Leuten Mut machen, gegen Resignation auftreten, positive Anstöße geben. Das ist einer der Gründe für meine Programme. Daß ich das kann, mag an meiner glücklichen Situation liegen, in meiner Buchhandlung tun und lassen zu können, was ich will. Hier merke ich immer, daß man vieles machen kann, von dem man erst einmal denkt, das geht nicht. Und es gibt viele Dinge, die gemacht werden müssen.«

Das klingt nach harter Arbeit und ist es auch, und doch hört es sich bei Schulze »immer gut gelaunt und leichtfüßig an, was

angeblich für unsere Zunft nicht opportun sei«, sagt er. »Deshalb gucken manche der Liedermacher, die stirnrunzelnd auf der Bühne sitzen, abfällig auf meins. Sie meinen, es sei zu wenig verschlüsselt und tiefgründig.«

Rainer Schulze steht in der Traditionslinie des Kabarett-Chansons der 20er/30er Jahre und ist — von seiner ehemaligen Mitschülerin Bianca Tänzer kurz charakterisiert — »...seit zwei Jahrzehnten ... auf dem wirklich wirksamen Wege, DDR-konkrete Beobachtungen, gleichermaßen freundlich wie satirisch zugespitzt unter dem Gelächter im Saal zum gemeinsamen Bedenken freizugeben...«

»Es fängt der Schutz vor Kriegen mit Spaß am Frieden an«, singt Rainer Schulze in seinem Programm und auf seiner Platte *Ich weiß nicht, warum ihr lacht* — und ich bin froh, ihn zu kennen.

P. S.

Wolfgang Schaller

Unser Lachen

Mir sind im Traum erschienen
mit heitren frohen Mienen
Marx, Engels und Lenin.
Sie schenkten offensichtlich
den Erben zuversichtlich
ein Lächeln, wie mir schien.
Ich such Karl Marx am Tage drauf
auf seinem Denkmalsockel auf
und lach ihn an: »Da bin ich!«
Doch Karle blickt ganz grimmig.
Na gut. Dort, wo die Fahnen wehn,
da soll aus Gips ein Lenin stehn.
Ich denke, vielleicht grinst er,
ach wo, auch der guckt finster.
Herr Klassiker, ist was nicht recht?
Verwalten wir dein Erbe schlecht?
Ich lese grad das Kapital,
das macht mir Spaß, komm, lach doch mal!
Ich frag dich, Marx, was bist'n
so bös zu uns Marxist'n.
Nein, nein, spricht Marx, bös bin ich nicht.
Ich bin nicht schuld an dem Gesicht.
Ihr selbst lauft mit Gesichtern rum,
als nähmt ihr mir die Lehre krumm
und formt nun, sagt er milde,
mein Bild nach eurem Bilde.
Nun muß ich einmal fragen,
wo denn in unsren Tagen
heut unser Lachen bleibt?
Und was uns denn so schlimmen
Verdruß und schlimmes Grimmen
in unser Antlitz treibt?
Wo kommt Humor bei Helden vor?
Der Held ist da, doch kein Humor.
Ging ihm, zum Kampf geboren,

der Spaß am Kampf verloren?
Worauf man mir den Paul empfiehlt,
der einst die Büttenreden hielt.
Der lacht nicht mehr, heut ist er,
ich glaube, ein Minister.
Ich suche in der Straßenbahn
ganz fröhlich im Zentralorgan
nach einem Witz, vielleicht verdeckt
und zwischen Zeilen drin versteckt.
Der Witz ist ein Gewitzter;
er zeigt sich nicht, wo sitzt er?
Ein Redner fordert selbstbewußt
mehr Freude und mehr Lebenslust.
Mit faustgeballtem Blick und Zorn,
so steht er abgekämpft da vorn,
als hätt ihn schon vor Tagen
die Lebenslust erschlagen.
Ich seh seit dieser Stunde
ringsum in unsrer Runde,
daß man die Lust vergaß.
Als gäb der Sozialismus
zwar Grund zum Optimismus,
doch keinen Grund zum Spaß.
Einst zogen mit dem Spaten
für uns die Moorsoldaten
durch eine finstre Zeit.
Daß uns in unsern Zeiten
ein Lachen mag begleiten
und eine Fröhlichkeit.

(1986)

Wolfgang Schaller

Aufruf

Nun will der Lenz uns grüßen,
von Mittag weht es laut,
aus allen Ecken schießen

die Hoffnungen ins Kraut.
Wir weben aus Erfolgen
uns ein Gewand gar fein.
Nur ich, mit meinen Ängsten,
paß in das Kleid nicht rein.

Wir webten einst uns Träume
vom neuen Menschenbild
und schlugen Purzelbäume,
als sei der Traum erfüllt.
Heut fressen Biedermeier,
ein bißchen rot maskiert,
die eignen Ideale
und machen, daß mich friert.

Zum Kampf warn wir geboren.
Ein Mensch den Menschen sein.
Heut zahlen wir die Herzen
auf unser Konto ein.
Wir möchten schrein. Wir warten,
ob sich's ein andrer traut,
damit das Glück, das eigne,
im Tiefkühlschrank nicht taut.

Noch will der Lenz uns grüßen,
von Mittag weht es lau.
Auf allen Wiesen sprießen
noch Blumen, rot und blau.
Drum laßt in eure Türen
nicht nur den Wohlstand rein
und ladet euren Nachbarn
zum Maientanze ein.

(1985)

BARBARA THALHEIM
Ich kann gar nicht leben ohne Ich

»Ich wurde in Leipzig geboren. Meine Eltern hatten eine Woh-
nung in der Lößniger Straße im 4. Stock bezogen. Der Korridor
hatte viele Türen. Eine führte ins Freie. Direkt in den Himmel.
Das Haus war zur Hälfte weggebombt. Eine Ruine. Zwei Jahre
nach Kriegsende.« – So beginnt ihre Biographie. Seit vielen Jahren lebt sie in Berlin. Sie hat »Versagen gelernt«, Kisten stapeln,
Briefe austragen, Schreibmaschine und Steno, Kulturpro-
gramme organisieren. Ihrem Traum, Inspizientin zu werden, war
sie 1969 ganz nah. Als Mitarbeiterin des Deutschen Theaters. Im
Arbeitsvertrag stand: Volontärin/Botin. Eine harte Zeit. Sie muß
lachen. Sie, die Mutter zweier Töchter und: Liedermacherin Barbara Thalheim.

»Sie ist schwer zugänglich, verschließt sich leicht auch vor
Neuem, hat harte Urteile und lehnt bedingungslos ab, was ihr
nicht würdig erscheint.« Das schreibt eine Frau, die die Thalheim
besonders gut kennt – ihre Beraterin in Kunst- und Lebensfra-
gen über viele Jahre, die Schriftstellerin und heutige Präsidentin
des Komitees für Unterhaltungskunst Gisela Steineckert.

Jeder, der mit Barbara Thalheim irgendwann zu tun hat, weiß,
daß es ein regelrechtes Ringen ist, mit ihr vertraut zu werden.
Immer, wenn von der Thalheim die Rede ist – »ob in Freundes-
oder Feindeskreisen« – tauchen Charakteristika auf wie unruhig,
aggressiv, spröde, uneinsichtig, suchend.

Was ist davon bis heute geblieben und nach wie vor wichtig?

»Es gibt Liederleute, die suchen mit den Mitteln ihrer Kunst
nach Freundlichkeit. Es gibt welche, die graben nach histori-

schem Liedgut, um's uns historisch ›zu geben‹, welche, die belehren, da guckt aus jedem Lied der Zeigefinger. Es gibt die neuen Folkloristen, wo man sich oft textlich und musikalisch unterfordert fühlt... Kurz und gut: Es gibt viele Möglichkeiten, Lieder zu machen. Ich suche mich — immer noch und immer wieder —, und deshalb mache ich Lieder. Als ein ›Ich‹ unter vielen ›Ichs‹ in der Gesellschaft hoffe ich auf den Wiedererkennungseffekt, auf das Verallgemeinerbare für andere. Das ist vielleicht eine zu geringe Motivation. Aber so ist es — mehr ist da nicht. Diese Methode, also die Suche nach dem Ich, hat den Vorteil der Ehrlichkeit, denn rückhaltlose Selbstoffenbarung hat, denke ich, mit Ehrlichkeit zu tun. Und auch gesellschaftliche Wirklichkeit spricht von selbst, ganz von selbst aus solchen Liedern. Überhaupt: Was von innen kommt, wirkt immer sehr nachhaltig — jedenfalls nachhaltiger als das, was man von außen als Pflichtübung in ein wie immer geartetes Kunstwerk hineindrückt. Wenn sich Leute auf mich einlassen, auf meine Lieder, dann sollen sie nicht ›befriedet‹ aus einem Konzert gehen und sagen: Nett war's. Das kann ich nicht ausstehen. Irgendwann muß jeder Mensch lernen, mit seinem ›Ich‹ zu leben — mit seinen Nachteilen und Vorzügen. Dieses unverwechselbare ›Ich‹ gilt es in die Gesellschaft einzubringen. Mal freudvoll, mal bitter, mal schmerzhaft — aber einbringen in ein Ganzes. Diesen Prozeß in Liedern zu beschreiben, das ist für mich spannend, irre, aufregend.«

Du hast, wie viele junge Leute, ziemlich früh angefangen, dir mit einer Gitarre — wie du sagst — »Poesie zu erschließen«. Wann hast du dich entschieden, das Liedermachen zum Beruf für dich zu erklären? Gab es Anstöße von außen?

»Da war Gisela Steineckert wesentlich. Vor allem, was den Mut anbelangt, sich vor Leute zu setzen, sich öffentlich zu artikulieren. Sie hat mir begreiflich gemacht, daß Mut dazu gehört, Ich zu sagen, und daß ich den Mut haben darf, haben soll. Woher soll man denn in der Isolation der postpubertären Phase wissen, daß das, was man an Gedanken über das Leben mit sich ›rumschleppt‹, auch andere interessieren könnte. Das muß einem doch einer sagen. Und ›der‹ war also Gisela Steineckert — das war Glück. Ich hatte mehrmals verdammtes Glück, das muß

ich schon sagen. Gisela hat mich (wie auch viele andere Leute) in den OKTOBERKLUB geschleppt. 1970 habe ich mich dann – als Schlagersängerin getarnt – beim Studio für Unterhaltungskunst beworben und wurde sogar angenommen. Zur selben Zeit hat Professor Heicking einige Liederleute an die Berliner Musikhochschule geholt und ihnen unentgeltlich Unterricht gegeben – ich gehörte dazu. Aber auch zu diesem Zeitpunkt war ich weit davon entfernt, an eine berufliche Laufbahn in Richtung Lied zu glauben.

Als ich 1972 Fritz-Jochen Kopka kennenlernte, war das für mich der Beginn eines neuen Lebensabschnitts, der einen Hauch von der gefürchteten Endgültigkeit in mein Leben brachte und zwangsläufig eine Bestandsaufnahme des bisher Gelebten und Erlebten zur Folge hatte. Bis dahin hatte ich für mich und andere einige Texte geschrieben, so für Wolfgang Ziegler, für Aurora Lacasa, mit der ich zusammenlebte, befreundet war. Fritz-Jochen Kopka war Diplomjournalist und arbeitete als Redakteur beim Jugendfernsehen. Er hatte noch nie Liedtexte geschrieben, sah die meinen, sagte nichts, hörte mir hundert Stunden zu – immer wieder –, und eines Tagen legte er *Als ich 14 war* auf den Tisch.

> Als ich 14 war,
> da hatte ich ganz lange Arme,
> die baumelten an mir herum.
> Als ich 14 war,
> da riefen sie mich Tischlers Tochter,
> und so was brachte mich fast um...

Ich mußte fast heulen. Ja, das war ich. Das war ich so sehr, daß sich mein Unterbewußtsein nach außen stülpte und mir schlecht wurde vor Angst, weil mich da jemand so genau erkannt hatte, daß es bedrohlich zu werden schien. (Sozusagen ein Über-Ich!) Von da an habe ich nie wieder einen Text geschrieben – sagen wir, keinen gereimten, und Fritz hat, von wenigen Ausnahmen abgesehen, alle Texte zu meinen Liedern gemacht. Insofern bin ich nur ein halber Liedermacher: Die Musik mache ich, er die Texte. Ich lebe sie – manchmal vorher, manchmal nachher. Es ist schon vorgekommen, daß ich die Tragweite von Erlebnissen durch einen Kopka-Text erst richtig begriffen habe und daß sie mich heute noch auf der Bühne, wenn ich sie singe, richtig erschüttern.«

Da funktioniert offensichtlich eine Zusammenarbeit im besten Sinne?

»Ja, unsere Zusammenarbeit hat sich in mehr als einem Jahrzehnt entwickelt, und es ist gar nicht so leicht, sie zu beschreiben. Es ist ein komplizierter Prozeß, ein Ringen. Meist verziehe ich mich zunächst in meinen Keller, an meinen Schreibtisch und schreibe die ganze Geschichte oder das, was ich gerade erlebt habe, auf. Prosa, oft sehr trivial. Kopka verdichtet das – aber niemals sofort. Irgendwann einmal finde ich dann einen erzählten Fakt vor. Es geht also auf keinen Fall so, daß man einen Text, beispielsweise zum Thema ›Wenn die Blätter fallen‹, bestellt und den ›Liefertermin‹ festlegt. Ganz im Gegenteil. Kopka setzt sich nur an seinen Schreibtisch, wenn er sich in die Pflicht genommen fühlt, von jemandem, der sich mit ihm streitet. Jedes Komma, jeden Doppelpunkt, jede Zeile, jede Metapher und jeden Gedanken muß man ihm abringen. Was lohnt, ausgesprochen zu werden (in einer Welt, wo schon alles gesagt, gedichtet wurde), was ist mir so wichtig, was brennt so sehr, daß es auch für andere wichtig sein könnte – das muß ich schon wissen. Und dann muß ein Text auf mehreren Ebenen stattfinden. Das heißt, daß man Schichten abheben kann und darunter immer noch einen Gedanken zur Sache vorfindet, einen doppelten Boden. Der gelungene Reim ist noch lange nicht der gelungene Gedanke.«

Und wenn du mit seinen-deinen Texten auf die Bühne gehst?

»Er kann es nicht ertragen und kommt auch nie mit zu den Konzerten. Weil das, was vorher zwischen uns war, dann in mir ein Eigenleben führt und weil sich durch die Interpretation einiges ganz stark ändert. Da gibt es oft auch dann noch Streit und Frust. Und trotzdem denke ich manchmal, daß diese Arbeit der Grund dafür ist, daß wir seit dreizehn Jahren zusammenleben.«

Mit *Lebenslauf* (1978), *Was fang ich mit mir an* (1980), *Und keiner sagt: Ich liebe dich…* (1982) und *Die Kinder der Nacht* (1985) hast du vier LP vorzuweisen. Zur Zeit arbeitest du mit Jürgen Ecke, dem musikalischen Leiter und Arrangeur deiner Truppe, an der fünften Platte, auf der Lieder aus dem neuen Programm *Vorsicht! Frau!* enthalten sein werden. Was geht den Produktionsterminen im Studio alles voraus?

»Wenn ein Lied ein Lied ist, probiere ich es meistens in Studentenklubs aus. Nur meine Gitarre und ich. Wenn ich dann das

Gefühl habe, daß es inhaltlich verstanden wird — man kann das übrigens an den Augen der Leute sehen, ob sie ein- oder aussteigen, immer wieder ein Phänomen —, dann bekommt es Jürgen Ecke. Er schreibt ein Arrangement, wobei er oft auch stark harmonisch eingreift, das Rohmaterial knetet, rhythmisch vor allem. Dann spielen wir das Ganze mit Gitarre, Tuba, Baß, Keyboards und Percussion, und erst nach dieser Bewährung bieten wir es der Plattenfirma an.«

Und wie arbeitet ihr im Studio?

»Wir produzieren so, daß ich gleich mitsinge. Das Urband besteht also aus Rhythmus und Gesang. Es gibt für mich nichts Schlimmeres, als allein mit Kopfhörern, in Polsterwände eingezwängt, in einem Studio zu stehen, hinter der Glaswand grienende Gesichter. Ich brauche die Nähe zu meinen vertrauten Kollegen. Ich hoffe, man merkt es den Liedern an, daß sie ein gemeinschaftliches Werk sind — im Moment des Einspiels. Nun sind die Musiker, mit denen ich arbeite, auch verdammt professionell — ich versinge mich bestimmt öfter, als sie sich verspielen.«

Über viele Jahre hattest du extreme Vorurteile gegenüber Musikanten aus dem Popmusikbereich. Inzwischen nun hast du eine Band, bestehend aus drei U- und zwei E-Musikern. Du schwörst auf Jürgen Ecke, der schon die *Kinder der Nacht* vollständig bearbeitet hat und der die Band mittlerweile auch für seine eigenen Projekte — Film- und Theatermusiken — einsetzt. Wie kam das zustande?

»Meine Vorurteile erwuchsen aus der Unkenntnis. Wie alle Vorurteile. Außerdem war ich damals (zu Zeiten des Streichquartetts) musikalisch glänzend versorgt. Als diese Verbindung auseinanderbrach, hab' ich gelitten. Heute weiß ich, der Bruch war ein Beleg für mein Weitergehn. So ist das doch immer. Man gibt etwas Bewährtes auf und hat solche Angst, weil man nicht weiß, was folgt. Aber eine neue Situation setzt auch neue Kräfte frei. Es entsteht etwas Neues, das — wie sich später herausstellt — einem gemäßer ist als das alte. Es ist eben immer wieder die Angst vorm freien Fall, die einen das, was man einmal gefunden hat, so krampfhaft festhalten läßt. Mit Jürgen Ecke arbeite ich jetzt vier Jahre zusammen. Ich finde, seine Arrangements setzen einen wichtigen Punkt. Er ist ein sehr guter Dramaturg, bedient den Inhalt. Er sieht ein Lied als das, was es meiner Meinung nach ist: eine Quadriga – ein Viergespann, eine Einheit von Text, Musik, Arrangement und Interpretation. Viele Musiker betrachten Lieder mehr oder minder als Musizieranlässe. Das eben tut Ecke nicht. Seine Arrangements sind nicht auf schönen Sound gerichtet (jedenfalls nicht nur). Ich finde ihn besonders gut, wo er spröde, skurril ist. Da hat er eine Handschrift entwickelt, die ich unverwechselbar finde. Unser Verhältnis ist kein glattes, das sich darin ergeht, Nettigkeiten auszutauschen. Ich würde sagen, unsere Zusammenarbeit ist kompliziert. Aber wir haben noch genügend gemeinsame Projekte, die uns künstlerisch befriedigen und auslaugen werden.«

Mit der Band zu spielen, ist die eine Sache. Aber ist es solistisch nicht insofern reizvoller, als da die Leute näher an dich rankommen, auch eher Gespräche stattfinden?

»Das Gespräch, an dem mir liegt, findet in Briefen statt. Ich bekomme Briefe, seitenlang. Briefe, in denen die Leute mich in die Pflicht nehmen, das auf der Bühne Postulierte immer wieder zu hinterfragen, zu leben, wenigstens ansatzweise. Die Korrespondenzen, die sich daraus entwickeln – und manchmal ganz schön stressig sind –, die sind ein Grund, bei der Stange zu bleiben. Denn ich weiß aus eigener Erfahrung: Wenn man sich hinsetzt und auf zwei, drei Seiten entäußert, dann muß einen das, was man erlebt hat, schon ganz schön annagen. Diese Briefe sind mein eigentlicher Berufsausweis.«

Seit längerem schon gehst du auch kontinuierlich auf Tournee ins Ausland, so z. B. in die BRD und die Schweiz. Was reizt dich, dort aufzutreten?

»Vor ein paar Jahren war ich der Meinung, daß diese Konzerte für mich unheimlich wichtig sind. Ohne mein Zutun hat da eine Veränderung stattgefunden. Eine Verschiebung zugunsten von ›Heimatkonzerten‹. Momentan habe ich das Gefühl, hier viel mehr gebraucht zu werden. Und vielleicht hat diese Veränderung auch mit der Verbesserung der Auftrittsbedingungen in unserem Lande zu tun, die zweifelsohne seit einigen Jahren zu erleben ist. Endlich öffnen sich für die Liederleute die Konzertsäle, und das Mißverständnis: Chanson, das ist die kleine Veranstal-

tungsform – Wein, Tische, Disko, rotes Licht, gebohnerte Tanz-
fläche – scheint überwunden. Das macht mir die Konzerte hier
zur Zeit besonders liebenswert, erstrebenswerter denn je. Vor
allem aber die Menschen, die da kommen, die Kunst als Lebens-
hilfe – im Kleinen und im Großen – ganz selbstverständlich an-
nehmen, und die uns, die wir auf der Bühne stehen, das spüren
lassen. Aber ich will bestimmte Dinge im Westen nicht missen.
Zum Beispiel die großen Liedermacherfestivals, an denen ich
teilgenommen habe. Wie ›Rock'n Poesie‹ im Theater des We-
stens in Westberlin 1984, das war schon ein einschneidendes
Erlebnis. Mit Danzer, van Veen, Hoffmann, Pluhar, Wecker, Fore-
stier, Moustaki, Fendrich und vielen anderen, die die europä-
ische Liedszene entscheidend mitbestimmen. Es gehört meines
Erachtens zu jeder Spezialisierung – ob auf künstlerischem
oder wissenschaftlichem oder was weiß ich für einem Gebiet –,
daß man über die Grenzen seines Landes hinaus nach Gleichgesinnten Ausschau hält.«

»Den großen politischen Anspruch aber haben ihre Lieder
nicht, sie wollen sich ums Regieren nicht kümmern«, war irgendwann in einer Rezension zu einem deiner Konzerte in einer
BRD-Zeitung zu lesen.

»Ja, das ist keine Ausnahme. Wir wissen wesentlich mehr
über die BRD-Wirklichkeit, als die dort über uns wissen. Unsere
Wirklichkeit kennen, begreifen sie nicht. Sie meinen, jedes Lied,
jedes Bild, jedes Buch müßte irgendwo vorgezeigt werden und
wäre als Pflichtübung, als Auftragswerk entstanden. Ich ver-
stehe mich durchaus als politischen Künstler. Kunst interessiert
mich vor allem, wenn sie die Jetzt-Zeit reflektiert. Das kann nicht
unpolitisch sein. Was ich einzubringen hab' in meine Lieder –
vierzig Jahre Auf-der-Welt-Sein, Leben in der DDR, Schule,
Lehre, Beruf, Berufung, Suchen, Finden, wieder Suchen, Auf-
stieg und Fall –, das ist ein unendliches Arsenal an politischen
und sozialen Erfahrungen. Wenn man darüber Lieder macht,
können diese nie und nimmer unpolitisch sein. Politische Wirklichkeit spricht ganz von selbst aus jedem, wie auch immer gear-
teten Kunstwerk. Man muß sie nicht von außen ›reindrücken‹.
Das Selbstverständliche artikuliert sich immer ganz selbstverständlich.«

In deinen letzten drei Programmen spielen Tonbandproto-
kolle eine wichtige Rolle. Was ist mit der Meinung des einzelnen
zu transportieren, was das Lied nicht kann?

»Ein Lied ist – so sollte es jedenfalls sein – immer eine Verdichtung der Wirklichkeit. Es sollte, wie schon gesagt, immer
mehrere Reflexionsschichten haben, auch Überhöhung sein.
Wenn ich Leute auf der Straße mit dem Reportergerät befrage
und ihre Meinung zu ganz profanen Dingen einhole, so entsteht,
wenn man diese Antworten einspielt, eine eigenwillige Reibung
zwischen der gesungenen Verdichtung und der Authentizität
des gemeinen Mannes auf der Straße. Manchmal ist das, was
die Leute, so unvorbereitet befragt, aus dem Bauch artikulieren,
'ne richtige Lebensweisheit, die ein Lied bestätigt, hinterfragt,
seine gestelzte Artikulation freilegt, zum Lachen zwingt oder
auch zum Heulen. Die Soziologie des einzelnen in der Masse
von einzelnen – das reizt mich ungeheuer.«

Dein Konzertalltag hat sich in den letzten Jahren verändert.
Es gibt Tourneezeiträume, die langfristig geplant und festgelegt
werden, und längere Zeiträume, wo du keine Konzerte gibst. Eines aber ist geblieben: Was die Bedingungen für ein Konzert angehen, bist du extrem kritisch. Warum?

»Ich habe viele Jahre im Haus der jungen Talente in Berlin selbst Veranstaltungen organisiert. Auch daher weiß ich genau, welchen Anteil ein Kulturfunktionär an einem gelungenen Konzert hat. Einen großen nämlich. Da kannst du Bedingungen oder Unbedingungen schaffen. Ein Saal, eine Band, die spielt, ein Veranstalter, der zahlt — damit ist nichts, aber auch gar nichts für das Gelingen eines Konzertes getan. Das klingt hart. Ich kenne Kulturhäuser, die werden von Leuten geleitet, die gerade einen Kohlenhandel runtergewirtschaftet haben. Will sagen: In der Kultur versucht sich fast jeder mal. Ich kenne Kulturwissenschaftler, die als technische Direktoren für die Produktion von Bestekken zuständig sind. Beides kann gutgehen — muß aber nicht. Die Berufung, die man als Geburtshelfer in Sachen Kultur braucht, die kann man wahrscheinlich nirgendwo studieren, die muß man ›im Ei‹ haben, wie ein Musiker meiner Gruppe so plastisch zu sagen pflegt — für einen Mann vielleicht etwas zu plastisch…!? Aber recht hat er. Wir haben viele Beispiele — allerdings noch nicht genug! —, wo es funktioniert. Wo ein Veranstalter — neben den technischen Voraussetzungen — ein interessantes Hinterland von neugierigen Leuten hat, die sich nicht zufrieden und sitt-sattsam nach getaner Arbeit in ihr ›Ich‹ zurückziehen. Dort zu spielen macht Spaß, weil Auseinandersetzung stattfindet.«

Seit du dich von deinem Streichquartett verabschiedet hast, »die Angst vorm Rock weg ist und es gar nicht genug Power sein kann«, spielst du mit deiner Truppe oft auch in größeren Sälen. Es ist andererseits aber nicht selten von dir zu hören, daß dich »Massen« nicht interessieren. Wie geht das zusammen?

»Ach, das ist ganz schön kokett von mir. Natürlich interessieren mich Massen. Das habe ich gesagt, als ich niemals damit gerechnet habe, daß sich auch mal 1000 Leute auf den Weg machen, wenn ich irgendwo angekündigt werde. Außerdem: Singt man vor 1000 Leuten, schließt das ja doch nicht aus, daß man auch den einzelnen ziemlich tief erreichen kann.«

Bist du Unterhaltungskünstler?

»Klar. Gedanken austauschen, Emotionen, miteinander für und/oder gegen etwas eintreten — das ist doch Unterhaltung. In Liedern sich erkennen und den Menschen neben sich; über Le-

bensqualität streiten. Das ist für mich ein produktives Vergnügen. Wenn ich bei Kollegen im Konzert sitze und werde provo-
kant zum Mitdenken herausgefordert – das ist es. Was kann
denn Unterhaltungskunst sonst sein?!«

Klaus Hoffmann nannte eine seiner letzten Platten *Veränderung*, um dann doch wieder zu der bewährten Form zurückzu-
kehren. Wie wichtig ist für dich Neues, anderes, zum Beispiel
Äußeres?

»Ich fühle mich augenblicklich künstlerisch ganz wohl; und
innerhalb der Verwirklichung vorgenommener Projekte bleibt
wenig Zeit, darüber nachzudenken. Aber wenn ich mich nicht
mehr gut fühle, Stagnation spüre, dann wird es Zeit für den
›freien Fall‹. So war es immer, und so wird es immer sein. Ich
hab', seit ich denken kann, Angst vor dem Endgültigen – die
mich (möglicherweise) vor der Unverbindlichkeit in meiner
Kunst bewahrt, aber nicht vor den schlimmen Tiefs und Selbst-
zweifeln. Aber vielleicht ist das Leben… Man muß sich halt darauf einlassen.«

P. S.

Fritz-Jochen Kopka

Endlich eine

Endlich eine, die Angst hat und nicht zur Mumie erstarrt
endlich eine, unter deren wütenden Schritten die Diele knarrt
endlich eine, der die Zeit Falten schlägt
endlich eine, die sich noch aufregt
endlich eine, deren Schönheit kein Frühblüher ist
endlich eine, die auch mal einen Schwulen küßt
endlich eine, die nicht die Arme ausbreitet, wenn sie die Treppe
herabsteigt
endlich eine, die sich nicht vor jeder Berühmtheit verneigt
endlich eine, die ihren reichen Onkel ignoriert
endlich eine, die keinen Rausschmeißer schmiert
endlich eine, die immer begehrt
endlich eine, die sich noch wehrt

Endlich eine,
die bebt

endlich eine,
die aus dem Bauch lebt
endlich eine,
die haßt
endlich eine,
die nicht nach der Notbremse faßt

Endlich eine, die ihr Nachthemd im Korridor hängen läßt
endlich eine, deren Rechnung nicht aufgeht ohne bitteren Rest
endlich eine, die keine Ordnung hält
endlich eine, die steigt und fällt
endlich eine, der man bemalte Steine schenkt
endlich eine, die nicht an die Folgen denkt
endlich eine, die ihre Tapferkeit gar nicht bemerkt
endlich eine, die die Schwachen, Blassen, Ängstlichen stärkt
endlich eine, die ihre Feinde nicht zählt
endlich eine, die nicht lange wählt
endlich eine, die mit offenen Augen liebt
endlich eine, die unbedacht vergibt

Endlich eine
mit Wut
endlich eine,
nicht immer nur gut
endlich eine
mit Zeit
endlich eine,
vor nichts gefeit

(1987)

Fritz-Jochen Kopka

Ende der Märchen

Ich habe keine Höhle mehr
Licht reißt auf mein Haus
Ich habe keine Bande mehr
Wind hat sie verweht
Ich habe keine Märchen mehr

Der Prinz steht an nach Levis-Jeans
Keiner schlecht
Keiner gut
Kein Versteck und doch
Das gute Ende fragt sich noch.

Ich habe keine Schätze mehr
Ich hab nur mein Geld
Im Wald wütet kein Drachen mehr
Woher kommt meine Angst?
Warum zieht alles mich so an
Was man für Geld nicht kriegen kann
Ja, so gehts in der Welt
Lieber Mann
Nun weiß auch ich, was Gruseln ist.

Es war einmal, es war einmal
Und es blieb nur: Es ist
Ich habe jetzt kein Wunder mehr
Das meiner harrt
Und dennoch glaube ich daran
Daß etwas kommt, das mich erlöst
Hinterm Berg
Hinterm Haus
Hinterm Tag
Das blieb mir aus der Kinderzeit.

(1986)

HANS-ECKARDT WENZEL
Der vernünftige Clown

Hans-Eckardt Wenzel (Jahrgang 55) ist über eine Reihe fast typischer Stationen – schreibender Pionier, Singeklub, Studium der Kulturwissenschaften, KARLS ENKEL – zu einem der produktivsten und wichtigsten Texter und Liedermacher unseres Landes geworden. Aus einer Vielzahl von Arbeiten muß man seinen Beitrag zur Entwicklung des Liedtheaters sicher besonders hervorheben – die *Hammer-Rehwü* und die *Sichel-Operette*. Daneben seine Lyrikbücher, seine Nachdichtungen. Für andere Interpreten schrieb er viel beachtete Programme, viele Liedermacher haben seine Texte im Programm.

Die Formen deiner textlichen Arbeit sind sehr unterschiedlich: Lyrik, Lieder, Nachdichtungen, Liedtheater, Film. Ist darin die Freude am Experimentieren zu sehen oder eine gewisse Unentschlossenheit?

»Das Problem ist bei dieser Frage, was für ein Funktionsverständnis man von Kunst, von Bewußtseinsprodukten hat. Was können sie bewirken, welche Funktion haben sie in der Gesellschaft. Für mich beantwortet sich diese Frage in einer Tradition von Vernunftsgläubigkeit, einer aufklärerischen Tradition, und da spielt die Form weniger eine Rolle als vielmehr, daß etwas bewirkt, produktive Verunsicherung erzeugt, Gewohntes ungewohnt gemacht wird. Dafür ist mir jedes Mittel recht. Darüber hinaus gibt es natürlich Themen, die eine bestimmte Form nahelegen, und es hängt auch noch von Launen ab, die man hat.«

Worin würdest du denn für dich den Grund sehen, die Form Lied zu wählen?

»Lieder haben eine stärkere Funktion für die unmittelbare Solidarisierung. Sie erzeugen immer Gemeinschaft. In Zeiten, wo das gut funktioniert hat, haben sie entweder eine Abspaltung provoziert oder Leute verbunden, die unter einer Melodie, einem Sound oder einer Zeile zusammenfinden konnten. Miteinander ein auch rhythmisches Erlebnis hatten in einer großen Öffentlichkeit.

Das war in der Hoch-Zeit der Lieder, im ganzen 68er Umfeld, wo auf einmal eine neue Massenkultur entstand, in der frühen Singebewegung. Mittlerweile hat sich das gesellschaftlich verschoben auf eine Vereinzelung, wo auch der Sänger seine Individualität auf der Bühne nur noch ausweist, vorzeigt, was er alles erlebt hat, und die anderen sagen Ja und Nein, und das ist, glaube ich, ein problematischer Punkt.«

Gibt es eigentlich zwischen den Hauptformen deiner Arbeit – Lieder und Lyrik – Berührungspunkte, oder ziehst du da eher eine Grenze?

»Sie gehen ineinander über. Es gibt bestimmte Lieder, die ich auch abdrucken lasse, und es gibt andere, die funktionieren nur mit Musik, also als Lied. Das Lied ist eine besondere Form, die ein gewisses Moment von Redundanz haben muß, man kann ganz andere Assoziationen aufbauen. Ich darf dabei bestimmte Strukturen nicht überlasten, weil sonst die melodische Funktion eine Verkrüppelung erfährt. Ich habe auch schon für mich Gedichte, reine Lesegedichte, im nachhinein vertont, einfach um einen Zugang für mich zu erschließen. Meine Tradition ist mehr das Lied in der Linie Villon oder Theodor Kramer, mehr das als die intellektualisierte Liedform. Ein anderes Moment ist, daß Lyrik bei uns etwas für Eingeweihte ist. Es gibt andere Länder – ich denke da an Lesungen in der Sowjetunion mit Jewtuschenko, wo ganze Stadien gefüllt werden, oder an die lateinamerikanische Lyrik, Neruda und andere. Da verschmelzen Inhalt und Form mit der Person des Vortragenden, da ist Singen oder Sprechen nicht so sehr von Belang.«

Du sprachst eben von der Tradition, sicher auch im Sinne von Verwandtschaft, früher hätte man gesagt, Vorbild. Wie sahen deine ersten dichterischen Versuche aus, oder waren es zunächst Lieder?

»Nein, ich habe zuerst gereimt. Verse über meinen Teddybär oder sonst was, einfach kleine Gedichtchen in der Schulzeit. Dann bin ich irgendwann von einem Pionierleiter ›entdeckt‹ worden, und der hat sich sehr um mich bemüht und mich an politische Themen herangeführt. Der hat das sehr ernst genommen, und meine Deutschlehrerin hat das auch sehr ernst genommen. Das war noch die Aufbruchzeit der Leute aus der ABF-Generation. Dann bin ich rumgereicht worden als schreibender Pionier, und irgendwann haben sie mich dann zu einem echten Lyriker geschickt, zu Hans Lorbeer. Der kam von der proletarischen Lyrik und hatte eine Trilogie über Luther geschrieben. Außerdem bereits in den zwanziger Jahren sehr schöne Gedichte, aber das habe ich erst viel später herausgekriegt. Hans Lorbeer war ein aufrechter, alter Prolet, der nach dem Krieg auch mal Bürgermeister war, aber nicht lange. Er war unbequem, vielleicht so etwas wie ein Enfant terrible in Wittenberg. Und der hat mich dann barbarisch auseinandergenommen und mir bewiesen, wie schlecht und verlogen meine so gepriesenen Gedichte waren. Da bin ich sehr ins Grübeln gekommen. Mir wurde zum ersten Mal die Schizophrenie klar, in der meine ganze Generation aufgewachsen ist; zwischen einem scheinbar öffentlichen und einem irgendwie verkrüppelten, empirisch erworbenen Bewußtsein. Damit habe ich dann erst mal eine ganze Weile zu tun gehabt, Gitarre gelernt und eigentlich erst wieder über das Lied angefangen, Texte zu schreiben. Singeklub in der Schule, Singeklub bei der Armee, wie das eben so war, bei vielen...«

Solo-Auftritte hast du über die Jahre selten gemacht, warum eigentlich?

»Ich fühlte und fühle mich immer etwas unterfordert dabei. Ich arbeite gerne hart, bin gern schweißüberströmt, wenn ich von der Bühne komme. Auch habe ich bei der ganzen Arbeit nie Zeit gehabt, mir so etwas wie einen Solo-Auftritt zusammenzuzimmern. Ich gehe auf die Bühne mit meiner Mappe und fang einfach an. Und dann wird sich irgend etwas ergeben, irgendeine Reihenfolge. Das ist alles sehr spontan. Das hat zur Folge, daß ich das nie sehr kultiviert habe. Mich interessiert mehr das Spiel mit anderen Leuten, mehr als das einzelne.«

Erste Erfahrungen mit diesem Spiel, der szenischen Gestaltung von Liedprogrammen hast du 1976 bei Karls Enkel gesammelt. Wie kam es zu diesem Projekt?

»Als ich nach Berlin kam, bestand die Gruppe schon ein halbes Jahr, war aber noch nicht aufgetreten. Durch Stefan Körbel, mit dem ich zusammen studierte, fing ich dort an, und es war für mich eine tolle Möglichkeit zu lernen und mich selber einzubringen. Zumal dort sehr gute Leute – neben Stefan Elke Schwarz, Ralf Kober, Rolf Fischer, Werner Karma – genau an dem arbeiteten, was mir vorschwebte, an der Verbindung von Liedern mit Theater. KARLS ENKEL lag das Konzept zugrunde, von einer fruchtlosen, äußerlichen, zur Phrase erstarrten Haltung wegzukommen, in die die Singebewegung hineingeraten war. Der Anfang war der Anti-Punkt, daß so nicht weitergemacht werden kann. Wir wollten uns wieder dem alten Widerspruch zwischen unserem Selbst und der Umwelt nähern, wieder auf die authentischen Erlebnisse zurückgreifen. Das hat sich dann auch ganz schnell als eine Sackgasse herausgestellt. Schon bei der Erarbeitung des ersten Programms haben wir gemerkt, daß man in den Provinzialismus abgleitet, wenn man sich auf unmittelbares Erleben beschränkt und das philosophische Vordenken, Vorausdenken fehlt. Wir mußten da schon anfangen, geschichtlich zu weiten, siehe Französische Revolution oder später der Spanische Bürgerkrieg, um Bögen zu entwickeln, die mehr bieten als nur eine Augenblicksbeschreibung.«

Wie hat sich in dieser Zeit dein Arbeitsstil entwickelt, was war dein eigener Anteil an den Programmen?

»Es ist sicher schwierig bei einer so kollektiven Arbeit, das am Schluß auseinanderzudividieren. Es war eine sehr offene Atmosphäre, und ich war schnell integriert. Wenn man das Gefühl hat, jemand braucht Texte, dann hat man auch Lust, Texte zu schreiben. Und wenn man diese Lust hat, kommen auch Einfälle. Schließlich geht es ja nicht nur um das Ausdenken von Texten, wichtiger ist, daß es einen Sinn hat für die Gruppe. Und da war so ein großes Suchen, fast jeden Tag hingen wir zusammen und fummelten am Programm, haben gestritten, uns angeschrien und wieder zusammengefunden. Das hat bei mir so etwas geprägt wie Kollektivität. Ich arbeite lieber mit anderen gemeinsam, weil der Widerspruch interessanter ist, produktiver. Wenn man anderen etwas erklären will, etwas erklären muß, dann gewinnt man selber neue Einfälle, neue Klarheit. Und es hat auch etwas mit meinem künstlerischen Konzept zu tun: Wenn man von einer aufklärerischen Vernunft als Position ausgeht, dann braucht man unbedingt den Widerspruch. Die Frage ist, ob man ihn immer voll ausnutzen kann oder nicht manchmal auch die Augen zumachen und die anderen Auffassungen beiseite drängen muß, damit sich ein Ergebnis einstellt.«

Kannst du deine Haltung zur aufklärerischen Vernunft etwas genauer beschreiben?

»Mit dem Begriff ›Aufklärung‹ muß man vorsichtig umgehen, mit der aufklärerischen Tradition – Diderot, Voltaire –, die mit Sarkasmus bestimmte Verhältnisse klargelegt haben. Auch das Wort hat eine Wandlung erfahren. Kinder werden aufgeklärt über Sexualität. Da gibt es eine Wahrheit, die mitgeteilt wird, und die Frage ist nur, wann es sinnvollerweise zu geschehen hat. Eigentlich steckt in dem Wort ›Aufklärung‹ etwas klar machen, sozusagen Nebel beseitigen, ›Glasnost‹ steckt da genauso drin. Also keine Priester- oder Verkünderfunktion. Es geht um eine produktive Verunsicherung, um ein neues Durchschütteln der Würfel, um Bewegung zu erzeugen in der Sichtweise auf die Welt und das eigene Tun. Und Aufklärung heißt auch, sich selbst klar werden, Traditionen nicht zu verlieren, sie immer wieder neu zu verarbeiten. Mit Mensching habe ich das ganze letzte Jahr überwiegend theoretisch gearbeitet, wir haben uns mit Benjamin und anderen Theorien auseinandergesetzt, um wieder Anregungen zu kriegen, einen neuen Blick auf unsere Zeit.«

Wie sieht deine Zusammenarbeit mit Steffen Mensching aus?

»Wir sind jetzt zehn Jahre zusammen, und die Grundlage ist sicher, daß wir ähnliche Realismus-Konzeptionen haben und ganz verschiedene poetische Techniken. Das macht die Zusammenarbeit interessant. Es gibt auch mal Phasen, wo man weniger gut miteinander auskommt, wo man sich streitet und fast alles auseinanderbricht. Wir hatten so etwas vor kurzem, wo wir so hart aneinander geraten waren, daß man dachte, es geht nicht mehr weiter. Durch die Arbeit und das Beharren auf der Position der Vernunft – wenn man sich streitet, kommt ja auch viel Unvernunft rein – haben wir das überwunden. So etwas gehört dazu, die Mühe, die man sich machen muß, solche Punkte zu überwinden.«

War dies die Arbeit an der *Sichel-Operette*?

»Ja, sicher.«

Welche Erfahrungen hat dir dieses Stück gebracht und wie ordnet sich die Operette in frühere Arbeiten am Liedtheater ein?

»Ich glaube, daß sich das eine aus dem anderen entwickelt hat. Aber auch im Sinne von abstoßen, etwas anderes entdecken. Sobald man eine Form für sich gefunden und entwickelt hat, muß man sie eigentlich schon wegwerfen. Sobald die Form keine Probleme mehr aufgibt, weil ich sie beherrsche, kann ich nur noch zynisch mit ihr umgehen. Ich kann nur noch so tun, als ob sie mir Mühe abverlangte. Gerade die Form macht die Mühe aus, mit dem Inhalt übereinzukommen. So war das auch mit der Operettenstruktur. Wir haben fast ein Dreivierteljahr theoretisch an diesem Genre gearbeitet, die Grundelemente zum Beispiel bei Offenbach studiert. Dieses Konzept ist dann bei der Umsetzung zum Teil an unseren Fähigkeiten gescheitert oder begrenzt worden. Auch an dem barbarischen Aufwand, so ein großes Ensemble zu führen und zusammenzuhalten. Für mich war es aber die wichtigste Arbeit bisher. Ich habe viel gelernt. Auch, daß man gerade bei der Arbeit mit vielen Akteuren einen kreativen Kern braucht, um nicht alleine zu denken. Weil es da eine Menge Strecken gibt, wo man sich verrennen kann, auch Strecken, wo man sich erschöpft. Der Hauptantrieb für uns war, daß wir etwas produzieren wollten. Daß man sich krank fühlt, wenn man nichts macht. Die Amerikaner haben dafür den Begriff *workism* geprägt, also eine Sucht auf Arbeit. Aus diesem Produktionszwang erwächst auch die Kraft, immer weiter zu arbeiten, auch wenn man mitunter verzweifelt oder sich fragt, ob es sinnvoll ist.«

In dieser Operette wie schon in früheren Stücken spielt ihr, Steffen und du, Clownsrollen. Ist das bloß die Verwirklichung eines künstlerischen Konzepts oder wird dabei auch Eigenes ausgelebt, zum Beispiel der Clown in dir? Der kluge Clown, der traurig und lächerlich sein kann?

»Diese Clownstypen, die über eine sehr lange Zeit entwickelt wurden, haben schon etwas mit uns zu tun. Zum anderen ermöglichen sie den Ausstieg aus der borniertenten Individualität, die man hat, wo man alles erklären kann. Clowns verlassen das herkömmliche logische System, und es gibt in der Mathematik einen Satz, den Gödelschen Satz, der besagt, daß man ein System nur analysieren kann, wenn man nicht Bestandteil dieses Systems ist. Das erinnert an das berühmte Bild vom Baron Münchhausen, der sich selbst an den Haaren aus dem Sumpf zieht. Aus der Position des Clowns heraus ist vieles möglich: Eben noch lebt er im Jahr 1936 und eine Minute später im Jahr 2000. Das nimmt ihm jeder ab, und aus diesem anderen Blickpunkt kann man die Zeit produktiver machen, weil man sich selbst raussprengt. Man hat in seinem gesellschaftlichen Dasein immer Rollenfunktionen, und es gelingt einem in der Spielsituation, in einer kurzen Zeit eine Amplitude von Erfahrungen und Erlebnissen zu haben, die einem im Alltag durch die Langsamkeit der Vorgänge nicht gestattet ist. Genauso wird andersherum das Denken des Clowns durchweg von Privatem bestimmt. Irgendwo wird einem jede Rolle aufgezwungen. Und man läßt auch zu, daß diese Rolle so funktioniert. Das hat ein Moment von Freiwilligkeit und auch ein Moment von Zwang. Ich denke dabei an den berühmten Satz von Marx: ›Die Menschen machen ihre eigene Geschichte, aber sie machen sie nicht aus freien Stücken, nicht unter selbstgewählten, sondern unter unmittelbar vorgefundenen, gegebenen und überlieferten Umständen. Die Traditionen aller toten Geschlechter lastet wie ein Alp auf dem Hirne der Lebenden.‹ Genau hier liegt das Problem, und so läßt sich auch die Spielsituation verdeutlichen, die wir benutzen. Es hat in erster Linie mit den Figuren zu tun, wenn bei diesem Spiel das Lachen ähnlich wie das Lied eine Solidarisierung erzeugt. Das ist so etwas wie ein Gebet, das man miteinander eingeht. Der erste lacht an auf einen Witz, und die anderen, die darauf eingehen, gründen so etwas wie eine kurzzeitige Lachgesellschaft, eine Organisation von Leuten, die sich im Moment gefühlsmäßig in Übereinstimmung befinden. Das ist eine Öffentlichkeit, in der neu gedacht wird. Wenn der normale Körperrhythmus verlassen wird, verändert durch veränderte Affektzustände des Körpers, wird das Denken stimuliert. Das halten wir für sehr wichtig, zumal sich dieses Lachen von dem hämischen, dem kabarettistischen, das alles nur befestigt, unterscheidet.«

Wenn man wie du einen guten Namen hat, tritt nicht selten ein, daß man zum Idol stilisiert, mehr beklatscht als verstanden wird. Wie gehst du mit dieser Seite der Popularität um?

»Es ist schwierig, weil das ja immer die Erwartung mit ein-
schließt, ich hätte eine Wahrheit, auf die die anderen angewie-
sen sind, die sie brauchen. Man kommt dabei manchmal in eine
Messiasrolle, die ich nicht mag. Ich habe keine Wahrheit, die ich
verkünden könnte, und ich habe etwas dagegen, wenn sich
jemand an meinem Sarkasmus oder an meinem Witz seine eigene Feigheit weglacht. Aber einen Mißbrauch von Kunst kann
man nicht ausschließen. Es ist schwierig, mit so einer Art Be-
kanntsein auszukommen, mir fällt das schwer, weil es einen irgendwie unsicher macht. Auf einmal werden normale Verhal-
tensweisen als Ignoranz ausgedeutet. Und das Land ist klein, da
wird viel geredet, und man wünscht sich eigentlich Ruhe. Ruhe
zum Arbeiten.«

Gibt es auch Situationen, in denen du deine Arbeit als Ganzes oder deine Haltung hinterfragst, in Frage stellst?

»Die gibt es ständig. Sobald man in irgendeiner Arbeit steckt
und über die erste Freude des Beginns hinaus ist, kommt man
in eine aktive Krise und denkt: Das ist alles Mist, man sollte es
lieber lassen. Entweder man hat die Kraft, durch diese Krise
durchzukommen, oder man wirft es weg. Der Zweifel an der eigenen Aussage ist der Stachel für das Weitersuchen. Wer sich
selbst nur wiederholt, ist künstlerisch tot, und wer wirklich kreativ ist, wird sich immer wieder in Frage stellen. Am Ende einer
Sache begreift man ihren Sinn, ihren Sinn und ihren Unsinn. Die
Punkte, wo man es nicht gepackt hat. Und mit zunehmendem
Alter wird es auch nicht einfacher. Das angesammelte Bildungs-
gut wird immer schwerer und sitzt der Spontaneität auf den
Schultern wie ein schweres Gepäck. So daß man nicht mehr
hopsen kann und immer weiser wird.«

W. B.

Hans-Eckardt Wenzel

Ich bin die ganze Zeit nur hier

Ich bin die ganze Zeit nur hier geblieben.
Die Andern kamen und sind wieder fort.
Ich habe Briefe hinterher geschrieben.
Die Andern schrieben mir kein Wort.

Ich geh die ganze Zeit durch gleiche Türen.
Ich koch die ganze Zeit im selben Topf.
Die vielen Straßen, die nach sonstwo führen,
Gehn wie ein Gitter quer durch meinen Kopf.

Die Andern sprachen. Stumm blieb, wie ein Stein, ich.
Die Andern gingen, und ich blieb allein.
Nur im Vergangnen waren wir uns einig.
Was kommen würde, würde uns entzwein.

Ich bin die ganze Zeit nicht weggegangen.
Am Tisch wars schön, saßen wir zu viert.
Selbst vom Stück Butter, das die Andern angefangen,
Hab ich noch wochenlang geschmiert.

(© Mitteldeutscher Verlag Halle/Leipzig, 1986)

Hans-Eckardt Wenzel

Das Abschmink-Lied

Still vom Klatschen und vom Schreien
Über meine derben Witze,
Steh ich plötzlich vor den Reihen,
Einsam, all der leeren Sitze.

Ausgetrocknet sind die Lippen,
Hals und Kopf sind leergesungen,
Stechend ist in meiner Rippen
Käfig mir mein Herz gesprungen.

Stunden später, müd, beim Feste,
Einen scharfen Schnaps im Glase,
Stierte eine auf die Reste
Schminke über meiner Nase.

Aussatz ziert mich! Einen Narren
Hast du neben dir zu sitzen.
Hoffst, ich zög dir jeden Karren
Aus dem Dreck, mit meinen Witzen.

Freilich kann ichs! Nur Sekunden,
Da die Augen sich noch drehn
In artistisch großen Runden
Um die Augen, die mich sehn.

Alles, was ich hab, verteil ich,
So erfinde ich mein Glück.
Meine Narrenfreiheit freilich
Ist ein lächerliches Stück.

Hans-Eckardt Wenzel

Verlaßnes Bett

Das Bett riecht lange noch nach deiner Wärme,
Wie eine Höhle bleibt die Decke stehn.
Ich höre deine Füße in der Ferne
Die Treppen auf die Straße runter gehn.

Ich lieg verlassen, wie nach Größenwahnen,
Wie ein Verletzter nach der großen Schlacht.
Die grünen Fliegen lenken ihre Bahnen
Um meinen Schädel, und sie landen sacht.

Dein Kissen ist ein offner Mund voll Schweigen,
Dein Kopf ist nur noch Form, kein Inhalt mehr.
Ich hör den Wind auf der Kastanie geigen.
Mein Kopf bleibt, wenn ich lange schweige, leer.

Laß unberührt den Abguß deiner Glieder,
Bis mir das Fehlende im Mittagslicht
Vom Schalldurchpreschen eines Düsenfliegers
Die Plastik deines Betts, zusammenbricht.

GRUPPE WILDEMANN
Keine wilden Männer

Es gibt hierzulande wenige Liedermacher, deren Arbeit so unterschiedlich aufgenommen und beurteilt wird. Entweder man mag sie sehr oder überhaupt nicht. Die Ursache dafür ist in erster Linie emotionaler Natur, denn die GRUPPE WILDEMANN (drei Männer) ist eine emotionale Gruppe. Ihre Texte wollen innere Befindlichkeit ausdrücken, zu deren Gefühlstiefe sich getragene Kompositionen gesellen. Das war lange Zeit sehr tief und auf die Dauer nicht leicht zu ertragen.

»Als wir uns das erste Mal für die Chansontage bewarben, sind wir nur von uns ausgegangen, ganz natürlich, und haben uns als ungemein emotional aufgeladene Gruppe vorgestellt – ohne irgendwelche Brechungen, ohne einen bestimmten Abstand, der aber nötig ist, um das Publikum nicht zu erdrücken. Das haben wir erst lernen müssen. Wir wollen ja unterhalten, etwas mitteilen, und nicht, daß man uns nach dem Konzert bedauert.«

Natürlich sind die neueren WILDEMANN-Lieder auch weich, getragen, sehr poetisch – aber die Emotionen sind unter Kontrolle (so problematisch das hier auf dem Papier auch klingen mag), sie sind jetzt leichter nachvollziehbar. Positiv wirkte sich im Verlauf der künstlerischen Entwicklung aus, daß die guten musikalischen Veranlagungen der drei Musiker differenzierter zum Einsatz und damit besser zum Tragen kamen. Und als die GRUPPE WILDEMANN sich dann zum zweiten Mal für die Chansontage bewarb, das war 1987, wurde sie schließlich eingeladen und gehörte sogar zu den Preisträgern…

Wenn man die ersten Jahre ihrer gemeinsamen Arbeit betrachtet (und diese Zeit ist ja oft besonders interessant), fällt auf, daß das Trio außerordentlich produktiv war. In drei Jahren bauten sie drei Programme auf, obwohl sie zunächst auch noch anspruchsvolle Berufe hatten. Und damit endlich zur Vorstellung der »wilden« Männer: Udo Wildemann (Jahrgang 50) war Informatiker, Ralf Zimmermann (Jahrgang 49) Elektroniker und Thomas Meyer (Jahrgang 49) ist Musikwissenschaftler. »Die Zeit war damals unser Hauptproblem, und es war nicht leicht, alles zusammenzubringen: Arbeit, Proben, Auftritte, Schreiben, Komponieren — und nicht zuletzt die Familien, das Privatleben. Das ging mitunter schon an physische Grenzen.« Bis Ende 1987 — da erhielten sie ihren Berufsausweis...

Udo Wildemann selbst bezeichnet sich als Spätstarter. Er trat in Jugendjahren als Schlagzeuger und Sänger in Beatkapellen in Erscheinung und fing erst mit Dreißig an, eigene Lieder zu schreiben, als sich eine Reihe persönlicher Probleme anhäuften, ihn bedrückten. Thomas und Ralf spielten zunächst Folk & Country und wollten eigentlich für ihr Programm zuerst nur einige Lieder von Udo übernehmen. Dann kam es zu vereinzelten gemeinsamen Auftritten und ab 1983 schließlich (als die Country-Band geplatzt war) zu einer festen Zusammenarbeit der drei. Diese Vorgeschichte spiegelt sich auch im gegenwärtigen Instrumentarium wider: Gitarre, Akkordeon, diverse Flöten, Geige, Mandoline und (neuerdings) Synthesizer.

Einen unbestreitbar prägenden Einfluß auf die oben angedeutete Entwicklung der WILDEMÄNNER hatte der Texter Dietmar Halbhuber, der bei der Erarbeitung des Programms *Halb-Siebzig* nicht nur inhaltlich, sondern auch in methodischer Hinsicht Denkanstöße gab. Udo: »Heute arbeite ich intensiver an meinen Texten. Das Optimistische in mir fällt nicht mehr so leicht unter den Tisch oder einer momentanen Stimmung zum Opfer, es findet sich jetzt stärker, weil bewußter erlebt, in meinen Texten wieder.« Hinzu kommt, daß Ralf und Thomas eigene Kompositionen beisteuern, was der musikalischen Ausdruckskraft der Gruppe gut bekommt. Die stärksten Lieder bisher sind sicher *Das Alter*, *Herbstlied* und *Das Lied vom Schein* (Halbhuber).

Überhaupt darf man *Halb-Siebzig* — 1987 das erste Mal aufgeführt — als das gelungenste Programm der Gruppe ansehen. Diese Bilanz in der Mitte des Lebens wirkt weder aufgesetzt optimistisch, noch klagend. Sie ist einfach eine Standortbestimmung mit Rückschau — Lieder und gelesene Texte wechseln sich ab, ergänzen sich. Eingeleitet wird das Programm durch eine Abfolge persönlicher Lichtbilder — Großväter, Väter und die eigene Person (Einschulung, Armeedienst, Heirat, Kinder) —, die die konkrete Zwischenbilanz von der Gegenwart abheben. Der eigene Rückblick gestattet auch jüngeren Besuchern einen Blick voraus, im Sinne einer bewußten Hinterfragung der Erfahrungen Älterer. Überraschend erscheint bei der Konzentration auf Eigenes das nächste Projekt der WILDEMÄNNER: Wyssotzki. Die Anregung dazu liegt schon eine Weile zurück und ging seinerzeit von Reinhold Andert aus, der diese Texte für den Aufbau-Verlag nachdichtete. Udo: »Wyssotzki hatte eine Stimme wie Beton, die kann man nicht imitieren. Wir werden also, und das haben wir zum Teil bereits, eigene Kompositionen zu den Texten machen, um sie so für uns zu übertragen, singbar zu machen.«

Letztendlich soll dieses Programm aber nur ein »Ausflug« sein, vielleicht eine Art Abenteuer-Ausflug, bei denen man nie genau weiß, ob man so nach Hause kommt, wie man ausging; ob man überhaupt nach Hause kommt. Bei Wyssotzki ist alles möglich…

W. B.

Udo Wildemann

Vogel Frühling

Auf den Wiesen liegt Schnee, doch Märzregen fällt
und macht, daß das Schmelzwasser fließt.
Kalter Wind kneift die Kinder, treibt sie abends nach Haus,
eh der Vater die Haustür verschließt.

An runden Tischen, in heißen Gesichtern
Bilder vom Tag wie ein Film,
in knarrenden Betten ein Tuscheln und Flüstern,
erst spät wird es im Hause still.

Dann der Morgen – ein kalter,
unausgeschlafen, tasten sie sich in den Tag.
Die Kinder sitzen herum und träumen
vom Frühling, der noch nicht heimkommen mag.

Komm, Vogel Frühling, laß uns nicht mehr warten,
mach, daß es wieder lebt,
der Vater pflückt Eisblumen in seinem Garten,
die hat noch der Winter gesät.

Und auf einmal, fast unbemerkt,
färbt das Fenster zum Garten sich grün!
Menschen wie Vögel, auf der Suche nach Wärme,
hören auf, in den Süden zu fliehn…

(1985)

Udo Wildemann

Das Alter

Das Alter färbt mir Haare grau, jetzt bin ich bunt.
Vom Saufen werd' ich schneller blau und an den Hüften rund.

Noch immer bin ich eitel und kämme mir das Haar,
um einen breiten Scheitel, der auch schon schmaler war.

Mein Mantel ist nicht mehr so schön, doch warm und mir
vertraut.
Ich kann ganz gut im Regen stehn, hab' eine zweite Haut.
Und werden Tage frostig und lange Nächte auch,
dann leg' ich, mich zu wärmen, auf deinen heißen Bauch.

Dein Haar riecht noch nach Flieder, ich mach mich in dir breit,
und schon ist Hoffnung wieder und wieder Sommerzeit.

(1986)

NACH-GEDANKEN
Ohne Lieder leben —
wer kann denn das?

Aus den Boxen knistert es. Kein Wunder, die Platte hat fast anderthalb Jahrzehnte und viele Male Abspielen hinter sich. Beifall, dann das schlagzeuggestützte Unisono von Gitarre, Baß und Keyboards mit einem treibenden, herausfordernden Riff-Thema. Eine elastische Frauenstimme greift es auf:

»Wer da wegen Regen nicht singen mag, / schweigt auch bald am heißesten Julitag. / Ohne Lust und Lieder leb', wer so leben mag. / Liebe fängt zum Beispiel oft mit Liedern an. // Ohne Lieder leben, wer kann denn das? / Denke dir die Erde ohne Gras. Oh, nein! / Hör Frau Nachtigall mit süßem Schall, oh, ja. / Meine Lieder geben mir mehr Freude am Leben!«

Vitale Chorusse, instrumental, vokal, inspiriert von Jazz und Rock..., der 74er Mitschnitt eines Songs, komponiert von Günther Fischer, mit einem Text versehen von Gisela Steineckert, interpretiert von Uschi Brüning nebst streicherverstärkter Jazzrockgruppe.

Nicht die 1977 für den Dokumentarfilm »Liebeserklärung an Berlin« entstandenen Lieder der beiden Autoren, die etwas von der großzügigen Atmosphäre unserer Hauptstadt wiedergeben, sondern ein weniger gelungenes Beispiel soll mein Nachdenken über Lieder und Leute hierzulande gestern und heute eröffnen. Drei ausgewiesene Spezialisten in Sachen Lied und Gesang hatten sich zusammengetan, um etwas auszuprobieren, das dann doch so nicht weiterbetrieben wurde. Der Komponist suchte eine konzertante Fortführung dessen, was Anfang der siebziger Jahre mit den ersten stereophon konzipierten und dramaturgisch durchgestalteten Langspielplatten der AMIGA-Geschichte, *Das war nur ein Moment* und *Ein Hauch von Frühling* (Texte: Clemens Kerber, Tonregie: Gerhard Siebholz, 1971/1972), begonnen hatte. Allerdings vorbereitet durch die Studioaufnahmen von Wolfram Heickings Liedern *Wenn du schläfst, mein Kind* und *Ich weiß ein Mädchen* (Text: Clemens Kerber, 1964/1965) und die von Gerd Natschinski durchkomponierte und -arrangierte Liederlangspielplatte *Gerry Wolff. Porträt in Noten* (u. a. mit dem Chanson *Die Rose war rot*, Text: Jürgen Degenhardt, 1969). Hier knüpften später Alben von Rockgruppen und dann auch Liedermachern an *(Lebenszeit* von den PUHDYS, u. a. mit Texten von Wolfgang Tilgner, 1976; *Meeresfahrt* von LIFT, Kompositionen: Wolfgang Scheffler, Texte: Henri Pacholski, 1978; *Über sieben Brücken* von KARAT, Kompositionen: Ulrich Swillms, Texte: Norbert Kaiser u. a., 1978; *Mont Klamott* von SILLY, Texte: Werner Karma, 1983; *Casablanca* von CITY, 1987; *Die Lieder des kleinen Prinzen* von Kurt Demmler, 1985; *Die Kinder der Nacht* von Barbara Thalheim, Texte: Fritz-Jochen Kopka, 1985; *Stirb mit mir ein Stück. Liebeslieder von Wenzel*, 1986).

Fischer indessen hat sich inzwischen als Filmmusikkomponist internationales Ansehen erworben (»Solo Sunny«, 1979; »Der Aufenthalt«, 1982; »Einer trage des anderen Last«, 1988; »Der Bruch«, 1989 u. a.).

An den salopp-lakonischen Versen des eingangs angeführten Jazzsongs läßt sich ablesen, daß Gisela Steineckert als echte Liedermacherin unseres Landes auch einem Riff-Thema noch etwas Poetisches abzugewinnen vermag. Doch *Roter Stein* (LIFT, 1977), *Die Steine im Bach* (Eva-Maria Pieckert, 1980) oder *Als ich fortging* (KARUSSELL, 1987) entfalten ihre Poesie auf überzeugendere Weise.

Und von der Interpretin Uschi Brüning schließlich wissen die Kenner der aktuellen internationalen Jazz-Szene, daß sie nicht den Weg des Liedgesanges weitergegangen ist, sondern den Einsatz der Stimme als Instrument zu großer Virtuosität profiliert hat.

Daß im Ansatz Begonnenes zugunsten anderer Profilierungsvorstellungen nicht fortgesetzt wird, ist in der künstlerischen Arbeit nichts Außergewöhnliches. Die Porträts dieses Buches belegen, auf wie verschiedenartige Weise sich ein Künstler in unserer Gesellschaft in den Dienst von Lied und Gesang stellen kann, zur Unterhaltung vieler und zum eigenen Unterhalt. Wer Lieder machen will, weil er sich Menschen mit dem, was ihn berührt und rührt, mitteilen muß und andere so reicher machen möchte, der tut das, trotz aller dabei auftauchenden Probleme und Konflikte.

Nicht um oft notwendige Wandlungen in der künstlerischen Produktivität geht es mir, sondern vielmehr um den professionellen gesellschaftlichen Umgang damit, um unsere Art, mit Liedern zu leben, sie verfügbar zu machen, ernst zu nehmen und die in ihnen verborgenen Kräfte intensiver in der Öffentlichkeit zu nutzen. Beim Durchforschen von Schallplatten- und Bücherkatalogen aus vier Jahrzehnten DDR-Geschichte fällt ein merkwürdiger Querstand auf: Der vielleicht am gründlichsten dokumentierte künstlerische Bereich unserer Kultur, das Liedschaffen unseres Landes aus Geschichte und Gegenwart, spielt gerade in den Medien unseres Alltags, im Rundfunk und Fernsehen, in Zeitungen und Zeitschriften ein ausgesprochenes Schattendasein. Ausnahmen finden zu gesellschaftlichen Höhepunkten statt, bei Jugendverbandstreffen oder gar Weltfestspielen, wie den III. 1951 und den X. 1973, oder zu Jubiläen berühmter Liederdichter, -komponisten oder -interpreten. Doch gerade in unserer langen Geschichte liegen — bereits von Fachleuten geborgen — Liederschätze, die es gründlicher gesellschaftlich zu nutzen und für heute und Künftiges anzuwenden gilt.

Nur stichwortartig soll weitgehend aus dem Schulunterricht Geläufiges in Erinnerung gerufen sein: Die ältesten Zeugnisse deutschsprachiger Literatur aus vor- und frühfeudaler Zeit heißen *Hildebrands-* und *Nibelungenlied*. Die von den französischen Troubadours inspirierten Liedermacher wie Walther von der Vogelweide oder Neidhardt von Reuenthal (auf den das noch heute bekannte Frühlingslied *Nun will der Lenz uns grüßen* zurückgehen soll) wurden Minnesänger genannt. Die Volkslieder des 14./15. Jahrhunderts enthalten früheste Zeugnisse humanistisch-revolutionärer Vorstellungen von menschlicher Entfaltung. Die Ideen des frühbürgerlichen Humanismus, der Reformation und des Bauernkrieges erscheinen, wie in einem Brennspiegel gebündelt, im Meistergesang oder in den Chorälen des Reformators, Gelegenheitsliedermachers und Bibelübersetzers Martin Luther. Die Friedenssehnsucht der Menschen aus der Zeit des Dreißigjährigen Krieges ist auch nachgeborenen Generationen erlebbar in den oft vertonten Gedichten von Paul Fleming, Friedrich von Logau, Simon Dach und Andreas Gryphius oder in den zumeist von Johann Krüger vertonten Kirchenliedern des Pfarrers Paul Gerhardt. Kaum ein Dichter oder Komponist in der deutschen Geschichte, der sich nicht um das Lied bemühte als »Zeuge von Fabeln oder Wahrheit..., Geschichte, Begebenheit, Geheimnis, Wunder, Zeichen«, wie das Herder beschrieb. Der, wie auch Goethe, hat Volkslieder gesammelt und überliefern helfen (*Wenn ich ein Vöglein wär'* oder *Sah ein Knab ein Röslein stehn*) oder auch selbst verfaßt. *Ich ging im Walde so für mich hin* (Goethe, 1813), *Mit dem Pfeil, dem Bogen* (Schiller, »Wilhelm Tell«, 1803), *Ich weiß nicht, was soll es bedeuten* (Heine, 1823), *In einem kühlen Grunde, Oh, Täler weit, oh Höhen* (Eichendorff, 1809/1810) weisen auch die großen deutschen Dichter und Denker als liederfreundlich aus. Herders »Stimmen der Völker in Liedern« (1778) und mehr noch Achim von Arnims und Clemens von Brentanos Sammlung deutscher Volkslieder »Des Knaben Wunderhorn« verdankt nicht nur Brahms' Liedschaffen wichtige Impulse. Ende des 18., Anfang des 19. Jahrhunderts sprach man in Preußens Hauptstadt wegen der Aktivitäten von Komponisten wie Reichardt (*Wach auf, meins Herzens Schöne*, 1778; *Wenn ich ein Vöglein wär'*, 1800) oder Zelter (*König von Thule* von Goethe, 1812) sogar von Berliner Liederschulen. Die bekanntesten Literaten der Befreiungskriege wie Theodor Körner oder Ernst Moritz Arndt waren zugleich deren Sänger. Aus den Liedern Georg Herweghs, Ferdinand Freiligraths und Georg Weerths strahlen noch heute die Ideen des Vormärz. Nach dem Scheitern der 48er Revolution sind die revolutionären Gedanken des ausgehenden Jahrhunderts vor allem in den Liedern der Arbeiterbewegung zu finden. Seine Kritik am aufkommenden Imperialismus gestaltete der Dramatiker Frank Wedekind auch in Kabarettchansons, die er selber vortrug. Die satirischen Balladen- und Songtexte von Tucholsky und Kästner rechnen mit Militarismus und heraufziehendem Faschismus ab.

Inspiriert durch die Arbeit für Agitprop-Gruppen der Kommunisten, gelangten Weinert, Fürnberg oder Brecht zu sozialistischen Positionen, auch in ihren für das Singen bestimmten Dichtungen. Songs des Stücke- und Liederschreibers Brecht (*Legende vom toten Soldaten*) in den Vertonungen von Kurt Weill (*Moritat von Mackie Messer*, 1928) oder Hanns Eisler (*Einheitsfrontlied*, 1934) trugen zu seinem Weltruhm bei. Die Zeit der Diktatur des Faschismus dokumentiert, wie ursprünglich humanistisch-revolutionäres Gedankengut in Liedtexten und -melodien durch demagogische Verwendung mißbraucht, verfälscht, verschüttet werden kann. Doch gerade die durch deutsche Kommunisten angeregten *Moorsoldaten* und das *Hans-Beimler-Lied* künden noch heute von der die Barbarei überwindenden, weit in die Zukunft weisenden Lebenskraft antifaschistischer Ideen. Gerade die Jahre des antifaschistischen Kampfes weckten bei uns wie in anderen Völkern eine solche Fülle an Gedanken, Ideen, Kräften zur umfassenden Verteidigung der Humanität, deren Konsequenzen auch für den Umgang mit Liedern noch heute Gültigkeit haben:

Sich in den Dienst des eingreifenden, dem Fortschritt nützenden Wortes wie der über den Tag hinaus, in die Zukunft weisenden Dichtung stellen, um das Revolutionäre, die Menschen Ermutigende, Verändernde im Gesang ringen, nützliche und schöne Lieder verteidigen und Sänger und Interpreten ermuntern, in deren Stimme und Haltung sich der werktätige Mensch wiedererkennt.

Erinnern Sie sich, liebe(r) Leser(in), an das »Singen und Sagen« von Ernst Busch oder Lin Jaldati, Erwin Geschonneck oder Helene Weigel, Gisela May oder Gerry Wolff, und Sie werden diesen Wertvorstellungen im Song wie im Liebeslied wiederbegegnen. Durch das 1970 ins Leben gerufene internationale Festival des politischen Liedes und die vor allem seit den achtziger Jahren häufiger in der DDR weilenden Lieder-Gäste aus aller Welt wissen wir, daß auch die Gesänge von Bulat Okudshawa, Mikis Theodorakis oder Pete Seeger, Victor Jara, Mercedes Sosa oder Miriam Makeba, Harry Belafonte, Abdullah Ibrahim oder Herman van Veen diesem humanistisch-revolutionären Wesen guter Lieder verpflichtet sind. Durch vor allem seit den sechziger Jahren verfügbare Platten, Bücher oder zu erlebende Konzerte konnte man auch am gesunden Menschenverstand und an der heiteren Lebensklugheit der Couplets und Chansons von Otto Reutter, Claire Waldoff oder Marlene Dietrich teilhaben, lernten wir russische Romanzen und neue sowjetische Bardenlieder, afroamerikanische Spirituals, alte und neue französische Chansons von Villon bis Brel, Wiener Lieder, den Bänkelsang des Schweden Belman, antifaschistische Partisanenlieder vieler Länder und jiddische Gesänge kennen. Immer neue »Liederfrühlinge«, wie es bei Heine heißt, inspirierten in der DDR-Geschichte auch ein umfangreiches eigenes Liedschaffen an Jugend- und Aufbauliedern der »Gründerjahre«, Massenliedern und Kantaten der frühen fünfziger Jahre. Kabarettcouplets, Songs und Chansons, später dann FDJ-Singeklub- und Tanzlieder, Filmschlager und Musicalmelodien begleiten seit Ende der fünfziger, Anfang der sechziger Jahre das Leben in unserer Gesellschaft. In den siebziger Jahren kamen die Balladen der nun schon in den Sozialismus hineingeborenen Beat-, Rock- und Pop-Barden auf. Die Achtziger brachten dann der jüngeren, hier porträtierten Liedermachergeneration den Durchbruch beim Publikum.

Lassen Sie sich doch von der nachfolgenden Diskographie dazu anregen, deren Liedern einmal genauer zu folgen, und Sie werden bis ins Zitat hinein die tiefe Verbundenheit mit unserem humanistisch-revolutionären Erbe erfahren, so wenn Piatkowski/ Rieck in *Feldstein an de Straat* das *Moorsoldatenlied* verarbeiten, Anderts von der Heineschen »romantischen Ironie« inspirierten Gesänge erklingen, die Sprache des älteren deutschen Liedes in den Worten von Gisela Steineckert oder Matthias Görnandt aufleuchtet...

Doch ihren besten Liedern eigen sind die für unsere neue Gesellschaft und deren junge dynamische Kunst charakteristischen Haltungen: Es ist zu spüren, sie gehören jener Generation an, die nicht mehr weiß als ihr Publikum und den Dialog mit den Hörern, Antworten mit ihnen gemeinsam sucht, Lösungsmöglichkeiten entwirft und zu Entscheidungen ermutigt. Sie wollen unseren Alltag erkunden und sind aus Liebe zu ihrem, unserem Leben besorgt und traurig, betroffen und zornig über Fehler. Vor allem aber stimmen sie mit uns allen in der wachsenden Bewußtheit von der Verletzlichkeit, Begrenztheit und Einmaligkeit des Lebens überein und machen sich auf die Suche nach aufrichtigen, glaubwürdigen, wahrhaftigen Antworten auf die Frage nach dem Sinn dieses Lebens.

Auch bei meinen noch ganz jungen Lieder-Platten kommt vom häufigen Abspielen schon manchmal ein Knistern aus den Boxen:

»Spar deinen Wein, deine guten Worte, deine Liebe, deinen Mut nicht auf für später, weil täglich Mut vonnöten ist« — »Der Nachbar is gestorbn, doch die Saat is gewachsen onger dr Nacht un hat den Acker grün gemacht« — »Sehnsucht nach der Schönhauser, dem Alten, dem Unfaßbaren« — »Dich möchte ich noch lieben, wenn ich zerschlagen heimkomm'« — »Jeder Mensch kann jeden lieben, doch nur einen sucht er aus« — »Ich möcht' noch soviel Himmel sehn — und du, du lachst dazu« — Lieder, die wohl nicht nur für mich zu den von Brecht benannten Vergnügungen zählen, weil sie helfen beim Singen, Begreifen, Freundlichsein.

Bianca Tänzer

LIEDER AUF LANGSPIELPLATTEN
(Auswahl)

REINHOLD ANDERT

»Ewald der Vertrauensmann« 845 157 (1978)

u. a. Ewald der Vertrauensmann/Wilhelm Pieck/So ist ein Pionier (T./K.: Reinhold Andert)

WERNER BERNREUTHER

auf *»Kleeblatt Nr. 7«* 855 930 (1982)

u. a. Es Kindla weint (T./K.: Werner Bernreuther)

CIRCUS LILA

»Frag mich Fragen« 845 245 (1982)

u. a. Kommt uns ganz nah/So sagt die alte Frau/Der Nachbar ist gestorbn/Übersch Johr (T.: Matthias Görnandt, K.: Bernd Rönnefarth, Johannes Schlecht)

»Teilen macht Spaß« 845 287 (1984)

u. a. Teilen macht Spaß (T.: Matthias Görnandt, K.: Johannes Schlecht)

»Zauberküsse« 845 329 (1986)

u. a. Der Zauberkuß/Zwei Wünsche (T.: Matthias Görnandt, K.: Johannes Schlecht)

KURT DEMMLER

»Lieder« 855 236 (1971)

u. a. Davon, was diesem oder auch jenem Mädchen beim Wäscheaufhängen passieren kann/Lied aus dem fahrenden Zug zu singen/Ho Chi Minh (T./K.: Kurt Demmler)

»*Verse auf sex Beinen*« 855 426 (1975)
u. a. Dieses Lied sing ich den Frauen (Maria)/Mein Herz muß barfuß gehen (T./K.: Kurt Demmler)
»*Komm in mein Gitarrenboot*« 855 162 (1979)
»*Jeder Mensch kann jeden lieben*« 845 234 (1982)
u. a. Jeder Mensch kann jeden lieben (T./K.: Kurt Demmler)
»*Die Lieder des kleinen Prinzen*« 845 294 – 295 (1985)
u. a. Sterne/Freunde/Bahnwärter (T./K.: Kurt Demmler)

JÜRGEN EGER
»*Kopf hoch*« 845 291 (1984)
u. a. Manu/Der Enkel des Wunderrabbi (T./K.: Jürgen Eger)
»*Diaeklektische Liedersprüche*« 865 415 (1987)
u. a. Sicher, wir kamen alle/Großer kleiner Trost (T./K.: Jürgen Eger)
auf »*Kleeblatt Nr. 7*« 855 930 (1982)
u. a. Berlinerlied (T./K.: Jürgen Eger)

GERHARD GUNDERMANN
»*Männer, Frauen und Maschinen*« *856 380 (1988)*

BARBARA KELLERBAUER
»Barbara Kellerbauer & Gruppe« 845 160 (1979)

ANGELIKA NEUTSCHEL
»*Wenn ich ein Lied hab*« 845 283 (1984)
u. a. Wenn ich ein Lied hab/Dich möcht ich noch lieben – Epilog (T.: Gisela Steineckert, K.: Manfred Schmitz)
»*Begegnung*« 845 339 (1988)

JOACHIM PIATKOWSKI & WOLFGANG RIECK
»*Plattdeutsche Lieder*« 845 242 (1983)
»*Utkiek*« 845 328 (1987)

PENSION VOLKMANN
»*Die Gefühle*« 856 175 (1985)
u. a. Satt zu essen/Die Gefühle/Clochard (T.: Werner Karma, K.:

Pension Volkmann, Arnold Fritzsch)
»Vollpension« 856 276 (1988)

GINA PIETSCH
auf *»Jahrgang 49«* 845 132 (1977)
u. a. Bürgerliche Wohltätigkeit (T.: Kurt Tucholsky, K.: Hanns Eisler)
auf *»Jahrgang 49 — Politische Lieder«* 845 161 (1979)

WOLFGANG PROTZE
»Wolfgang Protze — Liedermacher« 845 272 (1983)
u. a. Der alte Schulhof/Hausmeister Petzold/Die Architektin (T./K.: Wolfgang Protze)

CHRISTIAN RAU
auf *»Kleeblatt Nr. 7«* 855 930 (1982)
»Lieder aus dem Sack« 845 340 (1988)

BERND RUMP
auf *»Regenbogenlieder, Gruppe Schicht«* 845 135 (1977)

ARNO SCHMIDT
»Aber Fliegen...« 856 370 (1988)

GERHARD SCHÖNE
»Spar deinen Wein nicht auf für morgen« 845 207 (1981)
»Lieder aus dem Kinderland« 845 256 (1982)
u. a. Jule wäscht sich nie/Der Märchenprinz (T./K.: Gerhard Schöne)
»Menschenskind« 845 286 (1985)
u. a. Fantasia (T./K.: Gerhard Schöne)
»Kinderlieder aus aller Welt« 845 312 (1987)
»Du hast es nur noch nicht probiert« (Gerhard Schöne live) 845 347 — 348 (1988)

RAINER SCHULZE
»Ich weiß nicht, warum ihr lacht. Rainer Schulze singt kabarettistische Lieder von Wolfgang Schaller« 856 366 (1984)

BARBARA THALHEIM

»Lebenslauf« 845 156 (1978)
u. a. Als ich 14 war (T.: Fritz-Jochen Kopka, K.: Barbara Thalheim)
»Was fang ich mit mir an« 845 180 (1980)
u. a. Die Ausgezeichnete (T.: Fritz-Jochen Kopka, K.: Barbara Thalheim)
»Und keiner sagt: ›Ich liebe dich...!‹« 845 229 (1982)
»Die Kinder der Nacht« 845 290 (1985)
u. a. Sehnsucht nach der Schönhauser (T.: Fritz-Jochen Kopka, K.: Barbara Thalheim)
»Die Frau vom Mann« 845 333 (1988)

HANS-ECKARDT WENZEL

»Stirb mit mir ein Stück. Liebeslieder von Wenzel« 845 305 (1986)
u. a. Feinslieb, du lachst dazu (Herbstlied) (T./K.: Hans-Eckardt Wenzel)
»Reisebilder« 845 357 (1988)

Weitere Liedermacher und Chansoninterpreten auf Sammelplatten:
»Lied aus dem neuen Tag« 855 508 (1976)
u. a. Vor der Karte (T./K.: Bernd Rump)
»Kleeblatt Nr. 12. Wenn der Vorhang fehlt...« Chansons mit Evelyn Heidenreich, Hans Martin Benecke u. a. 856 066 (1984)
»Die Hitparade der Liedermacher« 845 293 (1985)
»Liedercircus 86« 845 245 (1982)
u. a. Ich brauch auch die Trauer zum Fröhlichsein (T./K.: Werner Bernreuther), Vertrauliches Geständnis (T.: H. de Kock, K.: Hubertus Schmidt)
»Kleeblatt Nr. 18. Zu zweit ist es schöner. Liedermacher« (u. a. mit Liederfirma Dietze) 856 227 (1987)
»Kleeblatt Nr. 20. Einstand – Liedermacher« 856 309 (1987)
(mit Detlef Hörold, Jörn Brumme, Torsten Schlingelhof, Frieder Rosenthal)

FOTONACHWEIS

Andreas Ciesielski (1), Michael Herrmann (1),
Stefan Hessheimer (23), Jochen Janus (2), Ute Mahler (2),
Karsten Milbret (1), Hannelore Mildbrandt (1),
Hansjoachim Mirschel (1), Thomas Otto (2), Petra Walter (1).
Archiv B. Rump (1), Archiv J. Schlecht (1).
Einbandfotos: Stefan Hessheimer (5), Ute Mahler (1).